U0832068

《山西文華》編纂委員會 編

山西文華·史料編

平陽府志

清康熙版 第四冊

卷二十

劉益令◎整理

山西出版傳媒集團
三晉出版社

山西文華

平陽府志卷之二十

宦績

左氏載子產相鄭事聲施爛然彪炳春秋矣及覲史記列傳乃僅第之循吏漢代吏治莫盛於孝宣之世而班固傳循吏自景及宣才得六人六人之中黄覇位至丞相朱邑至大司農皆顯秩也而傳顧紀其爲守若令時治行獨詳蓋循吏若斯之難也向使忠信之長慈惠之師與庸碌同湮後來者其奚勸與考自三代以來嘗官斯土而德功卓卓可述者著其姓氏與其爵里繫以事

實俾後之人有以觀焉作政績志

歷代循良

周郤犨　鈇之從子晉景公時爲大夫食邑襄陵與郤至郤錡號爲三郤俱有才辯傳稱犨爲使有禮謀事有智臨戎有文縣祀名宦

羊舌肸　字叔向晉之公族也世爲大夫事悼公平公昭公食邑于楊習于禮而勇于義以直聞于諸侯雖不專任晉國而晉之執政皆訪之而後行晉國賴焉楊即洪洞縣祀名宦

胡衍　秦伐蒲蒲守恐請衍爲蒲衍謂鄂里子曰攻蒲爲魏則善爲秦則不可請釋勿攻以德魏君於是遂解去

漢季布　楚人爲河東守文帝召爲御史大夫弗果用布進陳其所以帝曰河東吾股肱郡故特召君耳

番係九江人爲河東太守武帝元朔五年遷爲御史大夫嘗言穿渠引汾溉皮氏汾陰下引河溉汾陰蒲坂下度可得五千頃

田延年字子賓陽陵人昭帝時爲河東太守選拔尹翁歸等誅鉏豪強姦邪不敢發入爲大司農

黄覇字次公陽夏人少學律令爲河東均輸長以廉察稱

周堪字少卿與蕭望之受遺詔輔政元帝即位拜光祿大夫領尚書事數燕見言治亂事石顯憚之數于上前譖毀遂左遷爲河東太守未幾因日食復召堪復其位

趙護爲河東都尉成帝時廣漢盜起拜爲太守擊平之

蕭咸字子仲蘭陵人太傅望之子元帝時爲河東太守有政績數增秩賜金官至大司農

甄尊字少公杜陵人爲河東太守二歲成帝建始三年遷爲京兆尹

杜詩 河內人光武時爲河東太守平逆賊楊異等有功

焦貺 山陰人河東太守以楚王英連及卒于塗妻子繫獄諸生故人皆改名避禍弟子鄭弘詣闕訴寃得釋送喪及妻子還鄉里弘由是亦顯名

劉祐 字伯祖安固人桓帝時爲河東太守時屬邑令長多中官子弟百姓患之祐到郡黜泝權豪伸平抑滯政爲三河最累遷至尚書令

趙岐 字邠卿長陵人桓帝時舉理劇爲皮氏長抑强討奸大興學校甚著能聲會河東守劉祐去郡而中常侍左悺兄勝代之岐恥屬宦官即日西歸有孟子註行於世祀名宦

史弼 字公謙考城人靈帝時爲河東太守被詔書當舉孝廉弼知多權貴請托乃豫勑斥絕書屬中常侍侯覽遣諸生齎書請之并求假鹽稅積日不得通乃說以他事謁弼而因達覽書弼大怒日太守忝荷重任當

選士報國爾何人而僞詐無狀命左右引出捶楚數百府丞掾吏千餘人皆諫于廷弼不對遂付安邑獄即日考殺覽怒誣弼誹謗檻車徵入吏民詣闕訴之後得免歸田里杜門不出

陳寔字仲弓潁川許人司空黄瓊辟選補聞喜長恬靜不擾百姓安之祀名宦

王邑字文都涇陽人獻帝時爲河東太守帝爲李傕郭汜所忌御牛車幸安邑邑以綿帛爲獻悉賜公卿以下後封邑爲列侯

呂虔字子洛伍城人有膽畧曹操在兖州以爲從事時襄陵校尉杜松部民炅母等作亂命虔代松討之虔誘其渠魁殺之撫其餘衆賊悉平

杜畿字伯侯杜陵人爲西平太守曹操既定河北高幹舉并州反時河東人衛固范先外以請邑爲名内實與幹通謀曹操謂荀彧曰河東被山帶河四隣多變當今天下之要地也君爲我舉蕭何寇恂以鎮之或曰

杜畿其人也于是拜畿爲河東太守固與高幹張晟攻畿不下畧諸縣無所得會大兵至幹晟敗固等伏誅其餘黨皆赦之使復其居業是時郡縣皆殘破畿崇寬惠與民休息有以詞訟來者畿陳大義諭歸曰爾諦思之若意有所不盡更來詣府鄉邑父老自相責怒曰有君如此奈何不從其教自是詞訟甚少頒下屬縣舉孝子貞婦順孫復其徭役隨時慰勉之課民畜牸牛草馬下逮雞豚犬豕皆有章程百姓勤農家給人足畿曰民富矣不可不教也于是冬月修戎講武又開學宮親執經教授郡中化之郡有樂詳少好學畿署詳文學祭酒使教後進河東學業大興韓遂馬超之亂弘農馮翊多舉縣邑以應之河東接壤民無異心操征漢中遣五千人運運者自勉曰人生有一死不可負我府君無一人逃亡者將軍劉勳操所親貴勢震朝廷嘗往畿求大棗畿以書拒之後勳誅操得書歎曰杜畿可謂不媚于竈者也稱畿功美以下州郡曰吾亦與衆人仰高山景行也及操西征來渭爲軍軍食皆仰河東及賊破餘蓄二十餘萬斛操下令曰河東太守杜畿孔子所謂禹吾無

然矣增秩二千石又令曰昔蕭何定關中寇恂平河內卿其有功閒將授卿以納言之職念河東吾股肱郡充實之所足以制天下故且煩卿卧鎭之畿在河東一十六年常爲天下最丕嗣王位賜爵關內侯徵爲尚書初畿在郡時被書錄寡婦是時他郡或有自相配嫁依書皆錄奪啼哭盈路畿送寡婦甚少趙儼代畿而所送爲多丕問畿前君送何少今何多也畿曰臣所錄皆亡者妻今儼送者生人婦也丕及左右顧而失色及儁祚進封豐樂亭侯邑百戶

賈逵字梁道魏絳邑長郭援急攻河東城將潰絳父老與諸將約不害逵援捕得逵逵不肯拜援怒促斬之諸將覆護乃幽土窖中使人固守有憐其守正危厄乃夜引出折械遣去

晉王濬字士治弘農人博涉墳典倜儻有大志嘗辟爲河東從事守令有不廉潔者皆望風解去刺史徐邈以女妻之後叅鎭南軍事以平吳功封襄陽侯

摯虞字仲治京兆人才學通博著述不倦武帝詔諸賢良方正直言會東堂親策之虞對切直擢爲太子舍人除聞喜令時天子留心政道又呉寇新平天下久安虞上太康頌帝嘉之以憂去

李重鍾武人爲平陽太守崇德化修學校表篤行拔賢能清簡無欲屬吏之贓汙者咸彈黜之任三年而卒家貧無殯斂之地詔典客署營喪追贈散騎常侍

李矩本郡人懷帝時領平陽太守時饑疫矩悉心撫恤百姓賴焉又與石勒劉聰戰設伏出奇累立殊功官至司州刺史封平陽侯

毛德祖陽武人有武幹劉裕平秦爲輔國將軍河東太守代劉遵守蒲坂及河北覆敗德祖全軍還晉

路述爲河東太守劉淵寇河東述力拒死之

元魏張軌河東郡守在郡三年政聲甚著有古循良風

游楚馮翊人爲蒲坂令性慷慨以恩德爲治不好刑殺遷漢興太守

柳崇解州人舉秀才高第歷官尚書郎中孝文時旣罷鹽池禁富強專利人多爭訟帝遣崇檢斷訟遂息後爲河東太守郡人張明失馬疑執十餘人崇不問賊事但問其親老存否農業多寡以察其辭色果獲眞賊郡中畏服

陸凱代人仕魏爲給事黃門侍郎在樞要十餘年以忠厚見稱出爲正平太守在郡七年號爲良吏卒謚惠

徐英馮翊人爲蒲坂令剛爽不撓嘗鞭小吏張旣旣後貴顯欲與英和解乃因醉狎之英抗志不納遂不進用

西魏薛善字仲良汾陰人魏孝武西遷改河東爲秦州以善爲別駕族兄薛崇禮爲刺史守蒲坂善言于

崇禮曰高歡有逐君之罪吾世荷國恩今大軍已臨而猶爲高氏固守一旦城陷函首長安署爲逆賊死有餘愧盍及今歸欵崇禮猶豫善與族人斬關納魏師丞相泰進軍蒲坂凡薛氏預開城謀者賜五等爵善固辭至隋爲本邑令幹用強明一郡稱最因兼督六縣事後論廣屯田督造軍器賜爵龍門縣子卒贈三司刺史謚繆祀名宦

元淑河東太守俗多商賈罕事農桑淑下車勸課致民家給人足爲之謠曰秦州河東杼柚代春元公至止田疇始理

崔寬爲秦州刺史先是河東年饑刼盗大起寬修龔遂之法令行禁止勸課農桑周年之間盗寇止息

柳帶韋解人深沉有度量文帝辟爲參軍屢以計降賊多懷畏任數年處斷無滯官曹清肅以功進爵爲公謚愷祀名宦

柳帶韋廢帝初加左光祿大夫轉汾陰令發奸摘伏民

韓杲武川人大統初爲河東郡守性倜毅澈烈然爲政尚寬簡吏民懷之

郭賢字道因揚州人博涉經史有謀畧王思政重之邊謀多與參決世宗初除迎師中大夫出爲勳州刺史鎮玉壁以廉平稱去後見思于人卒謚曰節

裴文舉字道裕聞喜人父遂任正平廉約自守每行春省俗單車而已文舉爲絳州刺史一遵父政務以德化民總管韋孝寬特相欽重每與談不覺膝前

郭文恭平遥人太平令竭力工營寒暑不怠祀名宦

東魏封子繪渤海蓚人爲平陽太守晉州北界霍山舊號千里徑者山坂高峻每大軍往來若之子繪請别開一路旬日而就

劉豐普樂人爲南汾州刺史河陰之役豐功居先丞相高歡執其手嘉嘆之

北周泉企孝武時爲東雍州刺史高歡專政孝武有西顧之心欲委企以山南之事乃除洛州刺史當州都督未幾孝武西遷歡率衆至潼關企遣其子元禮督鄉里五千出大谷以禦之高歡不敢進梁魏興與洛州接壤表請内屬大行臺賀拔岳以企昔蒞東雍爲吏民所懷乃表復爲刺史詔許之

李遠爲丞相府司馬時河東初復宇文泰曰河東國之要鎮也非卿無以撫之乃授河東郡守遠至河東敦獎風俗勸課農桑禁革奸非兼修守禦之備未期月百姓懷之泰嘉焉降書勞問徵爲侍中驃騎大將軍開府儀同三司

楊檦字顯道正平高梁人仕魏爲邵州刺史慷慨壯烈爾朱榮殺害朝士城陽王元徽逃難投檦藏而免之以義俠聞擢拜伏波將軍後從孝武入關以功封侯文帝遣間行東地誘酋渠附之邵郡兩叛皆賴定焉威名大振凡隣境據險自恃如司馬恭侯景之徒皆不戰而自遁其見憚于敵如此

唐永初仕魏大統初爲東雍州刺史性清廉家無積蓄妻子不免飢世以此稱之

柳遐周明帝累徵不就後授霍州刺史爲治務以德化民事親至孝未嘗論人短尤好施與家無餘財

隋楊處綱文帝族父位將軍性直質在官強濟爲當時所稱尋拜蒲州刺史吏民悅之

楊弘字辟惡文帝從祖弟有文武幹畧由河間王拜蒲州刺史時盜大發民苦之弘奏爲首者百餘人投之邊州境帖然在官十餘年風教大洽

趙芬字士茂天水人少有辯智頗涉經史隋初拜尚書左僕射與王誼修律令兼內史令未幾以老病出爲蒲州刺史加金紫光祿大夫

楊尚希弘農人文帝時拜蒲州刺史在州甚有惠政引瀵水立隄防開稻田數千頃人賴其利

梁軌字世謩以內軍將軍爲正平令患州民病滷生物瘠瘦因鑿山源引水溉田其利甚溥

范執　開皇間爲臨汾令開鼓堆泉十二渠以溉民田民歌頌之爲立祠渠旁　臨汾郎正平

王隆　龍門人文中子父開皇時爲昌樂猗氏銅川三邑令有善政祀名宦

韋世康　杜陵人文帝時絳州刺史以雅望鎭之境內肅清在任數年奏課屢爲諸州最

王君　芮城令史失其名文中子之兄中説所謂芮城府君讀説苑美哉兄志于以進物是也按説郛古鏡記文中子兄王度大業九年以御史出兼芮城令用古鏡滅妖蛇其年冬以御史帶芮城令持節河北道開倉糧賑給陝東時天下大饑百姓厲疫賴此鏡存活甚衆據此王君名度無疑

辛仲龕　狄道人彦之之子爲猗氏令以政績著祀名宦

堯君素　湯陰人累遷鷹擊郎將大業末從屈突通拒唐兵於河東通引兵趨長安署君素領河東守通敗降遣至城下招諭君素以義責之曰公爲大臣負國生降更爲人作説客邪通慚而退時圍急音絕乃爲木

鵞繫書於頸具論時勢浮河而下達於東都因拜金紫光祿大夫審遣行人勞之前後自東都來者俱造城下爲陳利害唐又賜金券待以不死君素卒無降志其妻亦來謂曰隋將亡何故取禍君素曰而射殺之左右知其志不可動遂遇害

唐任環隋末爲河東令高祖起義兵環至龍門請見贊以平定之策

長孫操字元節有學術高祖府署相國府金曹參軍未幾檢校虞州刺史從秦王征討嘗與聞秘謀永徽初以陝州刺史卒贈吏部尚書謚曰安

李安遠夏州人補正平令時唐主兵起攻絳州安遠與通守陳叔達嬰城拒守唐公子素與安遠善及拔絳撫慰其家乃與同食授右翊衛統軍正平縣公

唐臨長安人爲萬泉縣丞有輕囚久繫臨以方春告令使暫出務農如約而還後官至吏部尚書祀名宦

楊大寶武德初爲龍門令時劉武周攻之力戰死焉贈全節侯祀名宦

宇文士及字仁人長安人太宗時爲蒲州刺史政崇寛簡士民宜之累遷至郢國公

杜楚客杜陵人如晦弟太宗時爲蒲州刺史政有能名遷至工部尚書

長孫恕貞觀中爲龍門令鑿渠溉田人賴其利祀名宦

蔣儼義興人有奇節高宗時擢爲蒲州刺史前政以戶産克課訟獄積不能平儼至發隱禁黠奸吏不敢欺匿人服其明稱爲良牧

孔禎高宗時爲絳州刺史政教兼舉及卒而民有遺思

崔翳永徽間令曲沃引跛堆泉溉田百頃

劉齊賢高宗時爲晉州司馬時將軍史興宗從獵苑中言晉州出佳鷂可捕取高宗曰齊賢豈捕鷂人

邪累遷黄門侍郎

柳繹解人宗元之從曾祖也爲夏縣令宗元稱其政良祀名宦

鮮于紹爲絳州刺史高宗鳳儀中爲同州刺史仍賜絹二百疋賞清廉也

徐弘敏高宗時爲蒲州司法參軍以寛爲政不施杖罰吏民感其恩更相約曰有犯徐參軍者衆共斥之訖代不辱一人職事亦修後累遷司刑丞所活甚衆

韋安石萬年人永昌初遷并州司馬政尚清嚴吏民皆敬畏之武后嘗手制勞問後以尚書右僕射遷蒲州刺史弟抗後亦爲蒲州刺史俱有政績

徐洪字彦伯兖州瑕丘人七歲能文對策高第中宗時調蒲州司兵參軍司户韋暠善判司工李亘善書而彦伯善屬辭時稱河東三絶

張懷器武城人中宗初爲翼城令引翔高之泉開澮陰之道便汲者行者又闢荒田五百餘頃時稱政治清平既去民爲立碑

李元禮宗室子善騎射始王鄭郎授鄭州刺史後徙王徐遷徐州都督爲絳州刺史有治名璽書勞勉實封至千户

李朝隱京兆人以明法中第中宗時調臨汾尉累轉聞喜令操履清正政績著聞入爲侍御史後代崔祐甫爲御史大夫卒贈吏部尚書謚曰貞祀名宦

蕭至忠沂州人中宗時爲晉州刺史以治才顯黙啜遣使來朝見至忠風采逡巡畏俯謂人曰是宜相天子何乃居外乎

王鑾爲龍門令有能名李勉薦之時稱知人祀名宦

李尚隱 萬年人玄宗朝以兵部侍郎出爲蒲州刺史時有浮圖懷照者造爲妖言馮待徵等助實之尚隱刻其妖妄詔流懷照播州仕至户部尚書

楊仲昌 虢州人以河陽尉對策明皇擢第一授蒲州法曹參軍累遷彝義令鸞降庭樹太守蕭怨表其政

趙宗儒 開元中擢進士第補太子正字調雷澤丞河東採訪使韋陟器之表置其府

嚴浚 華陰人爲絳州刺史威惠並行吏民畏服

李元紘 字大綱萬年人以清儉著稱爲蒲州刺史開元中拜中書侍郎同平章事

裴寬 聞喜人官吏部侍郎出爲蒲州刺史時久旱寬入境輒雨徙河南尹不屈權貴終禮部尚書

齊澣 定州人爲蒲州司法參軍有父子連坐論死者澣議貸其父太守不聽澣固爭卒原之天寶初爲平

陽太守以淸淨爲治

陸象先本名景初蘇州人元方子爲蒲州刺史政尚仁恕吏民有罪多曉諭遣之不施箠楚錄事白曰此例合與杖象先曰人情相去不遠此豈不解吾言若必須行杖即當以汝爲始錄事慚懼而退常謂人曰天下本無事秖是庸人自擾之耳苟澄其源則亦何憂不治故所至吏民懷之

嚴挺之天寶間爲絳州刺史明皇欲進用之李林甫忌之嫉之因招挺之弟損之佯與敘故舊云當以子爲員外郎又云朝廷待賢兄極深須作一計入京旣見當有大用令損之取絳郡一狀云有少風氣乞入京師就醫林甫持狀奏云挺之年高近患風氣且授一閑官天子嘆咤久之林甫奏授員外詹事便令東京養疾

姜師度魏州人太宗時爲河中尹值安邑鹽池涸廢師度大發卒洫引其流置鹽屯公私收利不貲是時太史令傅孝忠以知星顯時爲語曰孝忠知仰天師度知相地云

裴千鈞字彥卿聞喜人天寶末爲萬泉令雅好賓客尤喜忠良聞人有奉親乏甘旨者分財贍之有德政碑

趙復爲永樂尉安祿山陷兩京使崔乾祐守河東復與河東司户韓文司士徐炅宗人李藏鋒俱陷賊中相與密謀俟王師至爲內應郭子儀引兵來攻復等斬守陴者納之乾祐遁去祀名宦

李模宗室子肅宗時爲猗氏令史思明陷洛陽刼掠諸縣模率衆禦之累遷太子太保

房琯河南人肅宗時以禮部尚書出爲晉州刺史悉心政事爲郡人所稱

唐昇爲河東縣令大曆七年褒昇階至朝散大夫更留二年旌善政也

韓愘大曆間以議郎任翼城令性廉直人憚服之

吉茂字叔暢舉茂才除臨汾令在官清靖吏人不忍欺

韋武萬年人德宗時爲絳州刺史鑿汾水灌民田三十餘頃璽書慰勉

韋縱德宗時知安邑理鹽池事卓有能聲

李憲晟次子憲宗時爲絳州刺史設法轉運以給河中絳民賴其利時澤州沁水妖賊李有經聚衆三千餘人來寇翼城縣憲以州軍及神策鎮軍擊破擒有經以獻

李愬憲之弟憲宗時爲晉州刺史以治行稱

樊宗師河中人憲宗時爲絳州刺史有政績知名於時

李栖筠趙人幼孤有遠度莊重寡言舉進士爲河南令時李光弼守河陽高其才引爲行軍司馬兼糧料改絳州刺史有德政頌

張圓字直之偃師人爲河中府法曹參軍攝虞鄉令進攝河東令俱有能名遂署河東從事又攝絳州事

能聞于朝廷元和四年卒于汴韓愈爲作墓碣銘

李漢少事韓愈通古學屬辭雄蔚爲人剛畧類愈愈愛重以子妻之擢進士第以御史中丞吏部侍郎坐牛李黨改絳州司馬尋徙絳州刺史

楊損家與宰相路岩第接岩欲易其廐以廣第損族仕者十餘人議曰家世盛衰繫權者喜怒不可拒損曰今尺寸土皆先人貲非吾等所有安可奉權臣邪竄逵命也卒不與岩不悦使損按獄黔中踰年還三遷絳州刺史

狄惟謙梁公之後會昌中爲絳隰刺史有名稱

王式揚州人宣宗時爲晉州刺史會西河大饑民徙他郡不納式勞恤之活數千人以善最稱

杜君幾爲河東太守開置學官親執經教授士皆奮發自是河東多儒者後封豐樂公

劉廸　由進士仕吉州刺史剛直夙稱廉能茂著理民決訟推誠布公祀名宦

李洞　以給舍郎行翼城主簿一稟公正人不敢干以私令重其品邑人咸敬慕之

崔弘禮　博陵人爲忻汾州刺史有治行後人祠之長慶初改絳州刺史

姜晦　上邽人謩之孫起家蒲州叅軍政治有聲人畏愛之累遷吏部侍郎

唐彥謙　字茂業并州人咸通末舉進士爲河中從事歷晉絳二州刺史有詩集傳世

後唐張仲溫　翼城令才識饒敏治行卓異縣舊治翔高山下溫徙建王逢寨曰據險以守無如此者迄今數百餘年尚仍其地

漢侯仁矩　隰州刺史至郡決滯獄一日釋繫囚百餘獄爲之空民情悅服祀名宦

周程光遠　世宗時以監察御史守翼城賄賂不行以風厲著聞時鎮使王德都虞侯張進鎮翼常戒其下

日勿犯程公其見嚴憚如此祀名宦

李謙溥孟縣人攝隰州事濬城隍嚴兵備并人至謙溥登城徐步并人不敢動因夜縋敢死士百餘薄敵營大破之宋初復刺隰州敵人不敢犯境祀名宦

許遷爲隰州刺史廣順元年十二月朝見賜襲衣金帶銀鞍馬獎守城之功也

宋李士衡成紀人知解州居官廉潔不求名譽祀名宦

葛懷敏知隰州有守禦功

慈卿字釋回咸平間聞喜令李垂修學記云田賦平而民足川原肅而寇絶

趙尚寬仁宗時知河中府神勇卒苦大校貪虐刊匿名書告變尚寬命焚之曰妄言耳衆乃安已而奏黜大校分士卒隸他營

晁補之字無咎鉅野人知河中府修河橋以便民民立祠祀之弟詠之工於文亦嘗爲河中敎授

狄棐知河中府有中貴人過郡言將援棐於上棐荅以他語退謂所親曰吾湘潭一寒士今官侍從可以老而自汙邪

蒲壽晟咸淳間知蒲州性儉約於民一毫無所取建曾井汲水二瓶置座右人頌之曰曾氏井泉千古烈蒲侯心事一般清

朱選天長人天聖中知河中府忠厚有守上稱爲長者

馬中庸至和間聞喜令重修文廟士子稱之

文彥博以大理評事知翼城縣事課農桑修河堤廣厲學官以振士習至今邑人思之稱其河亭曰潞公軒祀名宦

錢𣆀臨安人吳越王裔也仁宗時叅知河中府軍事兼管勸農仁宗勅賜飛白安民二字撫政優游郡中頌戴因作安民堂以見志

范仲淹字希文蘇州人舉進士高第爲秘閣校理尋通判河中府爲政忠厚大著惠愛士子執經問難無虛日見有貧者輒割俸周之諸子至易衣而出晏如也後召拜樞密使復除叅知政事謚文正

富弼河南人仁宗初以將作監丞關決絳郡多著美績民至今懷之有祠

薛奎絳州人崇寧中爲隰州軍事推官民嘗聚博僧舍一日盜殺寺奴取財去博者至啓戶踐血汚衣遽驚走邏者因捕送州搒訊引伏奎獨疑之使緩其獄後數日果得殺人者共服其明焉

陳希古進士天禧己未以秘書著作郎知翼城事有文學多所振剏百度修舉邑之風俗迥然一變

錢惟濟知絳州民有條桑者盜強奪之不能得乃自斫其布臂誣以殺人官司莫能辯惟濟引問面給

以食盜以左手舉節因語之曰他人行及則上重下輕今下重上輕蓋用左手傷右臂也盜引服

李垂 字舜工聞喜尉明道中知絳州修夫子廟還朝闕門祗候李康伯謂之因謂曰舜工文學議論稱於天下諸公欲用爲知制誥但宰相以舜工未曾相識盍一往見之垂曰我若昔謁丁崖州則乾行初已爲翰林學士矣今已老大見大臣不公嘗欲面折之焉能隨羣逐隊趨炎附勢何人眉睫以冀推挽乎道之不行命矣執政知而惡之出知均州

陳子履 由進士以校書郎任翼城政有仁聲歐陽修贈以序

范純仁 字堯夫仲淹次子登皇祐進士初判太原府後劾王安石以判國子監出知河中府以保甲妨農論之甚力累官至尚書右僕射謚忠宣

楊偕 中郡人歷知河中府時元昊反劉平石元孫皆戰沒朝野震駭偕馳告延州曰大兵十萬且至矣其

具芻糧儲什器以俟賊聞遂解去夏竦議增土兵偕言不便時賴其言遂至不擾

呂誨開封府人性純厚累官兵部員外郎兼侍御史以議濮王禮出知蘄州進河中府召爲天章閣待制知諫院

周起鄒平人權知河中府有風烈賜璽書褒諭

李周知洪洞縣民有世絕而官籍其產者其族晚得遺券周取以還之縣南有澗支流溢入爲害周築新堤以護衛決民乃不病以司馬光薦召至訪以禦邊之術知邠州徙鳳翔至吏部侍郎周爲小官即沉晦自匿未嘗私謁執政而人自欽重之

安公武威人爲龍門尹嘗于廳事東作醉經庵以寓沉湛經籍之意汝南袁幾作記刻石以頌德政祀名宦

劉舒皇祐三年鄉寧令初縣治瀕河數遭水患舒改遷鄂侯故壘即今鄉寧城自是民有寧宇祀名宦

孫民先嘉祐初任曲沃縣事勤慎愛民作興學校祀名宦

俞充字公達鄞縣人由進士治平中令虞鄉倜儻風流雅嗜山水之勝暇日登王官謁表聖祠想像其爲人作王官十詠貽溪懷古十篇以見志

張戩長安人橫渠弟由進士知靈寶縣熙寧初爲御史論王安石變法出知夏縣縣民多訟戩待以至誠反覆教諭訟者往往叩頭自引伏不半歲刑省訟息未幾靈寶之民遮使者車請曰今夏令張君乃吾昔日之賢令也願使君哀吾民乞張君還舊治使者欣然言於朝去之日士民遮道泣送

朱壽昌字康叔天長人熙寧初棄官尋母於同州得焉詔壽昌就官不忍離母乞判河中府迎母及同母弟妹以歸母卒泣幾喪明拊弟妹益篤初以將作監丞關決絳州多著美績

孫固管城人爲霍邑令宰相韓琦知其賢諭使來見固不往琦益器重之

楚建中洛陽人知滎河縣民苦鹽稅不平建中乃約田多寡以爲輕重公私便之

扈周卿大名人嘉祐中爲襄陵令視事終日無倦色未半歲刑清訟簡政恬俗熙簿書之外毋有所施設後以憂去民追思之

劉景文元祐中守隰州治以最稱

李綽元祐初爲解縣令同兼鹽池事嘗修堰以防衛鹽池後人名爲李綽堰

王評字漢卿陝之杜陵人崇寧間知夏縣修司馬文正公祠志行冲逸嘗於石上刻一像裎巾除衣手攜竹杖後隨一鶴像上書七言律絕各一末題天一居士白雲翁可想見其風致云

劉熚河南洛陽人舉進士授著作郎知龍門縣嘗捕得羣盜盡殺之衆服其果

鄭戚　元祐間爲解縣尉兼主簿長于文學善楷書一時碑刻多出其手

張成　元祐間知解縣爲政平恕吏民懷之

張杲之　符離人元祐間權知解州軍事兼管內勸農事雍容鎮靜民熙然樂之

張硯　延平人元祐間通判解州軍事兼管勸農事政尚寬簡吏民多信懷焉

趙瞻　永城人進士授萬泉縣令捐俸修學宮士自遠而至改知夏縣作八監堂書古賢以自監又爲戶部尚書送司馬溫公喪歸葬夏縣元祐間卒太皇太后語輔臣曰惜哉忠厚君子也謚懿簡

游師雄　字景叔武功人紹聖間守河中府自中條山下立渠堰引蒼陵谷水注之城中人賴其利

孫載　崑山人紹聖初爲河中府戶曹更三守皆立威嚴者載獨與之爭持曲直不事詭隨後除河東轉運判官時稱爲循吏

麻吉 平陸尹尊禮生儒創建學校

宗澤 婺州人爲晉州趙城令下車請升縣爲軍書聞不盡如所請澤嘆曰承平時固無慮他日有警當知吾言矣

蔣堂 宜興人知河中府清修純飭遇事毅然不屈祀名宦

邵伯溫 字子文洛陽人康節子政和間以朝奉郎知芮城縣政尚公平號爲無事深得牧民之體

李察 以朝奉郎知翼城縣事政平訟簡不喜鉤距時訪民間疾苦惻然軫恤建有阜民廳民皆頌之

王闢之 臨淄人爲河東縣令吏治膚敏常慕夷齊高節乃毀淫祠作新廟以表祠之

向宗 開封人宣和間知翼城疎達明敏與仆植僵刑清政簡吏民畏愛祀名宦

謝皓 字商老入太學與游權老龔吉老齊名時人目爲三老元豐中第進士歷金部郎官遼使至命皓代

張閈等接對皓曰不疑於物物亦誠焉苟待之以誠彼雖無知亦當屈服明年以太常少卿使遼北還凡北界山川地理名物情狀皆以聞遷司農少卿出守絳州以公廉稱

顏太初　字醇之彭城人顏子四十七世孫少傳學有雋才仁宗時舉進士爲臨晉簿有能名時同州通判宋武者與守爭事父子皆恚死骨寓僧室無敢言其冤太初往葬之且表其墓其雋義如此

聶昌　臨川人靖康中登政府出知絳州遇害紹興中張孫自北歸過絳見驛壁間有血書一詩云流星一箭五心摧電掣雙眸兩臂開車馬踐時頭似粉烏鳶啄處骨如灰父兄有感空垂淚子弟無知不舉哀回首臨川歸未得冥中空築望鄉臺時以爲聶之精魂所作

郝仲連　建炎初金人犯河中守臣席益遁去仲連引兵屯河中就權府事率衆力戰度不能守先自殺其家人城陷不屈並子俱遇害

金梁肅奉聖人爲絳縣令以廉介累遷山東西路轉運副使金主謂宰輔曰肅知無不言正人也卒謚正憲

牛德昌安定人爲萬泉令時大飢羣盜充斥縣城門晝閉德昌至即日開門縱百姓出入榜曰民苦飢寒標掠鄉聚以偷旦夕之命甚可憐也能自新者即不問賊皆感激解散境內遂安累官都轉運使祀名宦

晁會字公錫高平人道院文元公之後宣和末中武舉仕爲太子洗馬天眷二年經義進士爲人美風儀器量宏博澤人經靖康之亂生徒解散會稍誘進之貧不能就舉者必厚爲津遣在官分俸以給貧乏歷臨晉虞鄉猗氏三縣令俱有惠政累官興平軍節度副使詩號泣水集虞鄉縣齋云官况薄於重榨酒瓜期近似欲殘棋王官谷云烟藏芳樹遠雲補斷山齊士人至今傳之三縣俱祀名宦

劉巖柔天眷中爲洪洞令明敏善聽時有楊遠者訴夜雨屋壞壓姪死巖熟視笑曰汝利姪財而死之叱付獄其人立伏去之日縣人遮戀爲立生祠刻石頌德正隆中同知河東南路轉運事廉名甚著

賈少冲　字若虚通州人家貧甚嘗於道中獲遺金訪其主歸之天會中再侵宋調及民兵少冲甫冠代其叔行雖行伍間未嘗釋卷中天眷進士出判河中府嘗教諸子曰陰騭所以庇身瓷庫不可爲也聞者尚之

李晏　高平人皇統間歷岳陽令攝隰州蒲縣政立判百餘事衆皆畏服

移剌子敬　字同文遼五院人讀書好學皇統間河中尹請老河中地熱上恐子敬不耐暑改興中尹其女來省謁遇盜剽掠其行李既而還之謝曰我初不知爲府尹家也尹有德於民尚忍侵犯邪

王廷直　壽春人皇統中爲夏縣令文學政事蔚有可觀

施宜生　邵武人天德中爲隰州刺史有惠政

張浩　渤海人爲平陽尹有臨汾男子夜掠人婦浩捕得搒殺之境遂無盜近郊淫祠廟祝與田主爭香火利累年不決浩撤其祠投其像於水中強宗黠吏屏迹莫敢犯者郡中大治

楊伯雄　藁城人皇統中繼張浩爲平陽尹有惠政百姓歌之曰前有張後有楊

楊子益　正隆中爲聞喜令廉以持已優於治繁政績懋著民爲立碑祀名宦

孫九鼎　定襄人明經狀元以尚書員外郎知翼城縣事時多盜賊鼎多方勦捕之梟其渠魁餘黨解散邑賴以安

李愈　絳州人字景輔舉進士慷慨尚志節大定間典解郡兼知軍州事提舉河防使政平訟理民靜吏閒而又修學養士敦正風俗祀名宦

王蔚　字叔文香河人大定間爲良鄉丞有卓異績超授河東北路轉運使廉爲諸路最加知河中府

高汝礪　金城人大定中爲石絳二州刺史蒞官有政聲後相宣宗號爲良相

王宗儒　大定間爲聞喜縣丞署縣事能決獄弭盜興學愛民嘗修宣聖廟自爲記祀名宦

張升大同人爲絳州錄事趙偉反時謂所識者詛不能從言訖赴水死人嗟異之

張元絳州正平令有治績時有韓希甫王兢相繼治河內皆以才名著而元稍不及故縣民爲之謗曰西山至河岸縣官兩人半

吳鑄長春人大定間爲榮河令撫民有方處事有法蝗不入境旱禱即雨民刻石頌之祀名宦

劉汲大定間爲蒲縣令政平訟簡民物康阜

楊時翼城人大定間爲本縣令篤忠愛戒貪殘敎民務本民德之

耶律德元遼人大定間知解州軍事時歲旱綠林之黨嘯聚山谷德元乃曰先除民害後祈雨澤神必不違寄與數騎直造賊穴追捕之賊悉平遂祈雨于五龍祠雨隨車而下民歌頌之祀名宦

范承吉初從攻太原遷少府監擢知絳州先是兵興民有爲將士所掠而逃歸者承吉使吏徧諭俾其

自首凡數千人具自帥府許自贖爲民或貧無貲者以公廚代輸改河東北路轉運使時承宋季之弊民賦太重承吉盡心經畫立法簡便官民俱足

張萬公字良輔東阿人明昌中知河中府時軍興調發叢劇萬公悉爲寬假使民力易辦人爲肖像于薰風樓又建去思堂

田特秀京兆人承安間知解州治民以寬繩吏以嚴政暇集郡諸生講解亹亹不倦

安得璋猗氏令清愼才敏舉無秕政祀名宦

趙景溫丹陽人泰和間爲襄陵令寬於御衆勇於立義多善政以廉謹著稱

劉從謙安邑人以明經擢進士泰和元年爲萬泉主簿寬不柔猛不虐舉錯有法條教可觀嘗罄俸資以修廟學儒業復興民歌頌之祀名宦

孫鼎臣以辟舉入仕爲河津令清慎敏才極一時之選時號爲良吏

李曼高平人由進士判隰州軍事政尚平易號爲循良

李復亨字仲修河津人年十八舉進士調臨晉縣主簿護送官馬入府宿逆旅有盜殺馬復亨曰不利而殺之必有仇者盡索逆旅同人過客同邑人橐中盛佩刀謂之曰刀蟣馬血火煅之則刃青其人欵服果有仇遷南和令累官參知政事兼修國史終安國軍節度使

劉仲誠宛平人知大同府尋改平陽府性剛古果於從善治民有方所在皆有美績爲一時之能吏

王靚字希至遂州人以詞賦擢進士第承安間調聞喜丞廉潔詳辨民皆畏愛重修文廟

田世英字用之河中人博學能文尤長於詩中興定二年經義進士與同年張瓚毛麾段繼昌齊名調絳州教授遷虞鄉主簿及尹已而退居鄉里教授生徒從遊者甚衆郡士大半皆出其門學者稱爲田先生

康錫趙州人任河中府治中爲人氣質重厚公家事知無不爲與雷淵冀禹錫齊名

劉瑋字德玉咸平人舉進士特賜及第歷官户部尚書出知濟南移鎮河中府上嘗問考課法今可行否對曰考課之法本欲綜核名實今提刑司體察廉能贓濫以行賞罰亦其意也別議設法恐涉太繁上將擊毬武殿聞瑋卒而止謚安敏

馬伯祿字天錫三河人幼志學事繼母以孝聞登大定二年詞賦進士所至以剛直能幹著轉知河中府事卒謚忠貞

把胡魯由御前經歷官出知河中府陝西西路轉運使夾谷德新上言知河中府把胡魯廉直忠孝公家之利知無不爲實朝廷之良臣也去歲兵入延安遣將調兵城賴以完不爲無功今合達買住各授世封而胡魯仍知河中府方今用人之時使謀畧臣不獲展力緩急或失事機詔爲大司農

完顏宗道本名八十上京司屬司人通周易孟子善騎射知河中府有惠政民立像於層觀祀之

完顏伯嘉猛安人興定間知河中事廷議欲棄河東徙民以實陝西伯嘉上言切諫而止

蒲察婁室猛安人舉進士歷任以廉能稱興定間再遷同知河中府事權元帥右都監河東路安撫使復取平陽晉安優詔褒寵後將兵救鄜州轉戰而至城破死之贈資德大夫定國軍節度使謚襄勇勅行省求其尸以葬

完顏賽不狀貌魁偉沉厚有大畧累立戰功歷樞密副使奉詔救河東戰屢捷復晉安平陽及河中三城封壽國公

侯小叔河東人爲河中府判官權安撫副使散家財以賞戰士元兵圍河中恐人勸小叔降之皆斬密遣經歷官張思祖潰圍出奔告於汴京明日城陷小叔死之

李華河津人性穎悟讀書一再誦輙不忘舉進士累官户吏二部尚書貞祐中拜參知政事後出知平陽城被圍屢出戰禆將出降華自殺贈尚書左丞

移剌阿里合遼人興定中爲霍州刺史元兵至戰敗與寳昌軍節度副使孔祖湯俱被執不跪向闕面立元人叢矢射殺之祖湯亦不屈而死

伍禮厚興定中任吉州同知元兵陷吉與其妻墜崖而死

元王明安燕人太祖時爲霍州守車駕過知其忠勤欲使扈從南征爲平陽總管元帥奏留守霍卓有異政

韓昇隰州人爲本州刺史以策干太師木華黎授千夫長才勇兼備經畧有功授户部尚書佩金虎符子輿繼爲刺史祀名宦

王惲汲郡人中統間爲平陽路判官太平縣有疑獄不決惲一訊即具實乃盡出所繫逮者時境内久旱是夕大雨

張敏耀州人金大定四年進士初授解州判官拯卹荒饑調聞喜令昭雪沉冤至元初改平陸尹鋤除桀黠平反誣獄訟簡賦均户增盗息建廨宇興渠利清操善政卓絶一時民愛戴之三處之民俱於去後立碑頌德請祀名宦　按通志有兩張敏一在金富平人以解州判官調聞喜一在元耀州人以聞喜改平陸查平陸志併碑文由解州調聞喜改平陸即一人歷任之次第也耀州與富平接壤同屬西安或居址籍貫之誤獨聞喜志謂至順間以進士任至順乃文宗改元去至元初甚遠或元訛爲順耳

鄭公至元間以尚書省宣使知解州事清白整肅勸農興學士民翕然從化祀名宦

劉天孚字佑民大名人歷知河中府初視事適阿思罕爲亂兵至河中虔不能拒遣人至晋乞援不報

阿思罕欲脅使附已方坐府治號令諸軍天孚佩刀直
前衆遏不得入退謂人曰吾何忍從賊而負上恩哉即
砍河氷自投死詔給驛歸柩贈彭城侯謚忠毅

王守忠 潞州人隰州判官佐政有方遷知絳州諳通律
學治績卓然

葛榮 至元間平陸縣尹重修縣治儒學政績著聞

岳弘 南頓人至元間爲垣曲尹兼管諸軍奥魯治有殊
績尤多修繕

粲而只 西夏人至元間任襄陵有德政民爲立石頌之

益篤護彌實 至元間霍州達魯花赤有仁政賦役均平
寇攘屏蹤

王奉訓 至元間知解州事與從仕復遷鹽司奉訓即以
公解爲鹽司之所禮接鹽司僚屬若賓主然自
是州司鹽司相協民獲其利

彭仲德東明人至元間知絳州勸農桑興學校善於訊獄時服其神明

劉源字巨川以儒吏兼通充宣慰佐史奏對稱旨授勅牒爲西京路經歷至元二十九年遷授將仕郎翼城尹廉能簡靜有蒲鞭之遺風葺學校不勞民力翕然修舉

楊宜翼城人任本縣尹三十年爲政廉明善於謀斷時南鄉水利爭訟未息宜立爲定例致民富饒縣東有炭窰歳久圮壓宜別相地創開民甚便之從弟琛琛子思明琛弟佺佺子思孝思孝子權與宜子安舟俱任本縣文武職並有能名

楊思聰大定人大德三年進士由晉城主簿歷大寧令政平訟理有蝗不入境之異泰定二年改萬泉歷任清白治有能聲民紀其政績八條宣王化勵農功伸民寃決繫獄建地利除虫害振文風惠窮民立石記之祀名宦　通志府志大寧志俱楊思聰獨萬泉志姚思聰或復本姓或係字訛亦未可知

也速歹兒東原人大德間知洪洞縣能以文學潤飾吏治

馬思忽別以華容縣達魯花赤調襄陵爲人豪邁以經濟自任視事之初除奸剗弊凡有便民知無不爲每公退杜門一無所交雖家人亦不敢以私事溷也嘗值衛兵雲合恣所侵掠乃卽闔城門集丁壯禁戢驕横秋毫無犯百姓德之立德政碑

韓敦武大德間靈石尹任勞勤事節用愛人政和以中民不知擾祀名宦

左澗澗出河間東光人大德間知垣曲縣廉介好讀書請學講論殊無宦態明習吏事六事克修吏民畏服爲立去思碑

張式覃懷人大德間尹夏縣修孔子廟溫公祠

福童皇慶間平陸尹重修傳說祠後尹績執中碑紀其績稱爲事神治人得爲政之先務

杜英籍無考延祐年任曲沃知縣重學育士敬神恤民

王傑字伯英澤州人延祐間任聞喜縣尹均賦興學廉幹著績有去思碑祀名宦

郭琪繁峙人延祐二年爲洪洞尹通明法律曉達政事轉陞興路推官剖决是非咸稱平允陞知汾州

薛信本州人延祐間解縣尹士庶服信教化奸邪亦畏其威嘗捐貲修五龍廟爲鄉里祈禱所歷陞晉寧路治中

劉尚質曲沃人泰定間任稷山縣尹守已清廉爲政平易後遷翰林院編修擢御史忠直敢言得風憲體引年休致日與學士靳榮題咏邑人以二賢名之

月輪失帖木兒畏兀人泰定間爲萬泉令通經重道公廉有爲嘗請免稅以濟民饑祀名宦

石正卿河南人泰定間知萬泉縣政尚廉平獄無冤濫秩滿遷正平尹祀名宦

靳克忠字唐臣潞州人歷行省都事知河中府也先帖木兒叛軍河西岸克忠與達魯花赤八札海牙併力守禦或勸其退避克忠曰我守臣也去將安之乃與海牙端坐府中賊入被執克忠抗論不屈死之海牙至奉元死於省門之外事聞贈陝西行省參知政事封郡公

八札海牙畏兀人自知州轉河中府達魯花赤天曆初陝西搆亂蒲津正當其衝與知府靳克忠以忠義自勉誓以禦賊相拒旬餘賊勢益甚二人被執抗論不屈死之事聞詔贈行省參政封郡公

郝信臣至順間任太平尹捐俸濟民有惠政祀名宦

冉大年至順間任靈石尹勤于政事案無留牘暇則巡行知陌勸課農桑民甚德之鼎建孔子廟於靜昇村今塑像俱存

李良蒲縣簿嚴謹律身刑獄不濫

楊恕字居仁古并人順帝至元五年知解州事革弊政敷惠化州人立碑頌之

韓奭至元間知霍州遷卜學宫地經營叛始皆其力

賈琪至元間霍州知州修建學宫重儒愛民

戴侯至正元年以陜西省平章保舉監安邑縣禁豪強除宿弊値歳凶借貸官儲以濟饑民多賴之移守隰州民不忍其去載道擁留祀名宦

王元禮至正初爲襄陵尹扶植善類阻抑奸慝興學校于征戰之餘有古循良風

李榮祖雲中人至正初知絳州下車即修學校築壇壝社稷風雨之神載于祀典者皆興焉復隋令梁軌水利通渠十二溉田五百餘頃大旱不竭民賴以饒聽訟明敏絶無停滯前案積數十年不能決者諭以正理莫敢遁其情民親愛如父子骨肉

王天祐潞安人太常博士進階奉議大夫知隰州正己貞歷著治獻民生允殖考稱其顯性疏通偉才精厲屢議大禮國度以

莊欽祖爲趙城尹曲禦邊患敦崇文教政績甚異

程伯啓平陸縣尹重建縣治禮士愛民有良吏風

不魯古歹字守道至正間爲萬泉令無虐政無苛役民紀其政績八條于碑祀名宦

扳思溥化偃師人至正間以進士任聞喜縣達魯花赤六事備舉政治有聲部使者舉爲守令之最朝廷遣賜宮幣以旌之祀名宦

辛邦彦汾西人至正間由輪祉主簿調知夏縣廉明神察善剖疑獄嘗建司馬公祠堂書院及修黑龍李綽諸堰常平倉事集而民不擾

按攤不花　伊山人至正間蔿授岳陽縣達魯花赤恤刑薄賦招集流亡惟恐一民失所祀名宦

牛天麟　恒山人元貞間鄉寧令重建廟學興起斯文

闊得中　至正間知曲沃縣首建社稷壇新文廟惠愛黔黎作興人材民歌之曰泮宮之崇以扶儒宗社稷之封以祈年豐肇之者誰令尹之功

也眞不花　蒙古人居燕山延祐二年監安邑縣事蒞政公平洞達經史門無私謁不尚華靡所居若寒士讞獄無不得情鄰壤之畊亦願就質云祀名宦

虎篤鐵木耳　蒙古管匋人至正間任襄陵縣達魯花赤政舉民服縣事稱治嘗值春旱躬詣卧龍祠禱雨輒應民爲立感應碑

蒲機　與元人至正間知芮城縣嚴明剛直剖決精敏吏畏而民懷之時歲饑民多逃亡機輕徭薄稅除鹽

丁之害所活甚衆逃亡者復集

徹里鐵木耳　景州人至正間任稷山縣達魯花赤睦寮宷撫百姓興利革弊教養兼舉政化大行

葛禋　字克敬文安人至正間任稷山尹與徹里鐵木耳同心撫民邑統樹碑頌之

韓復生　潞陽人以進士至正間任吉州同知文雅而嫺於吏事懲惡揚善俗化治成

劉履謙　至正間以絳州判爲絳縣尹政績昭著

靳和　曲沃人至正間知絳州政治公平居鄉喜周貧乏導人以善

宋克篤　長白人至正間知絳州時稱文章政事方諸宋文潞公之知翼城語曰潞公顧前宋侯光後

王士元　字克佐忻州進士至正間知吉州爲政不苟守節不屈士民甚戴祀名宦

董輔卿　河中人至正間知猗氏縣約田賦徭役任編氓社户自相推派行之以公民稱便焉祀名宦

劉仲殷曲沃進士稷山縣尹爲政廉勤平易後遷翰林編修擢御史邑民思之不忘祀名宦

藥僧唐兀人至正間自中書任稷山縣達魯花赤才猷過人愛民如子時賊寇逼境邑人大恐欲潰僧與縣尹張名昭主簿商顯祖協謀備禦卒賴保安有傒民碑以頌德

張名昭順德人至正間稷山縣令撫民禦賊與藥僧同政

胡元眞知萬泉縣剛直而清苦豪猾畏威奸吏喪氣有修學記

程元直亳州人知交城後陞知絳州勸農興學政平訟簡人心悅服

靳柱襄陵人進士善屬文至正間授絳正平縣尹尋陞監察御史祀名宦

葉企顏上蔡人以統軍元帥行翼城縣事撫慰人民各安生業近悅遠懷咸沾恩惠

護廩實至正間知河中府事莅政二載聲譽籍甚以憂去起爲河東運使惠愛尤多民爲立碑紀之

劉立監臨晉驛甚得衆心有德政碑紀其績

王仲文祥符人知夏縣爲政寬簡濟恤孤貧嘗出郊勸農自齎米煑粥民私贈棗數枚不內年老致仕遂家於夏縣子孫累世科第相繼

普顏不花天資明敏學問宏裕至正十年任平陸縣監以愛民爲心每東作乘一騎從一胥自買餅餌以食勞民畝亂故室多蓋藏家絃户誦去後民思慕之

沙班敬昇以黎城主簿監翼城敦禮儒雅子惠小民尤以風厲爲急廣建社學免其徭役

楊文選郯縣人至正十七年靈石尹公廉慈惠尤善用兵士民愛之祀名宦

范國英至正十八年領河中府事與宣慰使賽因赤答忽懷遠復修郡城又修武壁等八寨以禦寇

陶執中至正間任夏縣時天下大亂執中據守夏民賴之以安至正二十九年明兵下河東執中不降

而去之

明徐本　洪武初知府建諸廳署壇廟驛遞民有苗氏子負老母行丐爲周其衣食尋召入朝

胡維賢　定遠人洪武初同知政績見彰善錄越數年陞太原知府又明年得代召入朝

周凱　稾強人洪武初府通判多政績

徐鐸　南昌人洪武初以戶部侍郎改知平陽府濬永利池改建臨汾縣學

孫仲昱　籍未詳洪武十二年知府嘗致瑞芝

徐彪　商河人洪武間臨汾縣丞復流離闢荒蕪均徭役簡詞訟政有成效尋陞本府同知境內肅清民心愛戴祀名宦

楊睿　柘城人永樂間知府有美政不數月刑清訟簡郡以大治遇旱禱雨隨澍卒于官民皆哀之祀名宦

萬觀南昌進士正統初以監察御史陞平陽知府嘗新堯廟致瑞芝之應考滿陞山東左布政

胡睿長垣進士成化間知府爲政精密廉愼旣去民皆思之祀名宦

李琮順天人成化十九年知府政簡刑清吏民懷之

樊瑩常山進士弘治三年知府祀名宦

杜忠河陰進士弘治五年知府郡城舊有晋山書院永樂初改縣治忠復建于永利池北仍其名以爲士子誦讀之所

張文佐西平進士有彜行成化間先任襄陵弘治十一年陞平陽府清譽甚著行朱子社倉法以賑窮困鼎新學宫遠聘名士以資講習善政多端祀名宦

郭桂字時芳咸寧進士由知縣歷開封知府歷著政聲慈惠聰察有神明之譽正德六年起復爲平陽時

海內多事盜賊四起百姓凋敝又多藩邸下人怙勢侮法無敢誰何桂至而盜賊屏息藩邸各戢其下百姓安堵歌頌興焉桂曰民可使也於是新堯廟增修舜禹廟民不擾而事集時戶部尚書韓文洪洞人年八十餘家居謝客非其人不與見乃安車抵郡謁謝曰老人無所求强爲百姓一行陞本省參政

閔槐　任丘進士正德九年知府祀名宦

聶豹　永豐進士嘉靖二十一年以御史補知平陽府政尚廉明尤急敎化諭諸生以先行後文凡所注措不規於常調得之理學者爲多祀名宦

王楠　德州衛進士嘉靖三十四年知府改晉山書院爲三太守祠祀南昌徐鐸京衛李琮任丘閔槐顏曰親賢堂以三太守有德于民也

毛愷　浙江進士嘉靖間知府懲奸剔弊吏畏如神旋陞本省參政累官刑部尚書謚端簡

劉衍祚 洛陽進士二十四年同知時南北俱用兵誅求百出其冬河東地大震城市爲墟不逞者聚衆爲亂遠邇驚駭而郡守及各屬令俱先期入覲獨衍祚代篆開誠布公明法飭令緩刑薄稅築城修廨慎守封疆轉危爲安復開樊家河爲永利渠築石堰障水溉田數十頃爲百世利郡人特建生祠于北關外

周鼎 宜興進士萬曆四十二年推官嚴禁餽送有清操累陞河道尚書

傅淑訓 孝感進士四十三年知府持已廉正歲荒煑粥濟飢又嘗纂修郡志陞本省學道歷官户部尚書

萬一本 全椒選貢四十八年通判屢署州縣皆得民心去之日凡所經州縣遮道扳轅祀名宦

張維世 太康進士天啓二年知府公正廉潔密訪絳州黨惡數十人剪除之府衙内舊引樊家河水爲邅池維世嘆曰以此供賞翫得無妨民灌田乎遂涸之民得其利陞本府廵道累陞宣府廵撫

劉餘祐字玉孺濱州人宛平籍進士五年知府端毅仁慈持守狷潔時有知州餽黄金觀音者嚴絶之陞河南參政遷本省布政趙曲鎮有遺愛生祠

劉士璉泰和進士崇禎四年推官慈祥愷悌多所平反

王喬棟雄縣進士六年知府祀名宦

常克念登封進士十年推官寬厚簡重爲政持大體聽斷無寃分校稱得士

程世昌光山進士十五年知府率屬以正馭吏以嚴陞池太道

國朝張尚奉天監生山陰人順治二年知府揮霍長才精於吏治文移皆當堂閲批吏胥不能黠竄一字陞甘肅巡撫

徐來麟奉天人五年知府才能應變御衆有方姜瓖之叛分遣賊首平德攻平陽不克陝西武弁王老

虎據延安應之渡河攻破汾州遂圍平陽攻七晝夜來麟同巡道王無黨副將范承宗嬰城固守突出銳師擒賊劉明光斬之一夕賊舁雲梯過濠謀登城敵臺中矢砲交發賊衆稍却會大兵至賊潰走遣兵追擊之斬叛首劉四亭於峪口村餘冦悉散

張增寅桐城貢士十三年同知才氣不羣軍政肅清佐郡之傑出者

程先達景陵籍舉人休寧人康熙四年知府爲人寬厚政尚平恕民以不擾

劉儀恕涇陽舉人七年知府重修義士橋以通行旅三太守祠年久頹廢拓其規模創前後二所中祀三太守考拔合屬能文士肄業於內分卷校課人文蔚起取科第者甚衆

袁國梓華亭進士十二年知府素負才名莅政勤民至今思之

石文晟奉天監生三十年知府值閤郡奇荒流亡之狀繪圖難盡文晟申請　題達辭旨懇惻又廣設

粥廠遴官董其事其遠不能就食者親爲按視户給升合飢民得延殘喘時禹門造船河南運米憲檄平陽協濟所費不貲民困已極次年大同養馬泒運穀草三十五萬束文晟慨然曰民不堪命矣遂馳謁當事泣陳平屬偏苦狀聞者動容事乃得罷其賑荒免草兩詳傳布民間至今感泣

王輔奉天人三十三年知府先任黄州吏治精敏緯有聲績調平之次年循資已陞天津道奉
旨留任值平陽地震城郭廨舍盡圮姦民乘變刼掠輔痛懲之乃止嗣
上發帑遣官修理輔實襄其事焉

甘國璧奉天廕生三十八年知府存心仁恕任事精勤
上下相安民受其庇未幾調寧波府

秦棠奉天監生四十年知府先任臨汾縣實心愛民以潔清自勵積弊革除殆盡民甚戴之以他事降調
百姓叩閽瀝陳治績特擢太原知府民懇留改陞本府知府

臨汾縣

明丁憲　棗強人洪武初知縣政績見彰善錄祀名宦

蕭韶　龍泉人洪武初縣丞政績見彰善錄祀名宦

徐彪　語具本府同知條下

劉濬　臨川人永樂初知縣守身廉謹政平訟簡吏民不敢欺以績最陞湖廣僉事邑人思慕之

張廉　字惟清咸寧人永樂間舉人入太學三年以才中時用選刑部照磨改臨汾縣丞佐治有聲調蒲州判官陞本州知州

王循　會稽儒士天順初教諭誨人有方時邑中科第最盛

李伸　三原進士弘治間知縣王府軍校肆橫至殺人前令莫敢治伸至悉寘之法境內肅然擢御史

辛珍　耀州舉人嘉靖六年教諭富於文學教士有方歷陞河東道僉事

董珊　膚施進士七年知縣質直好義有古循吏風

趙統　臨潼進士十五年知縣性素剛直一切請託饋遺俱絕郤里書飛詭之積弊免闔邑荒地之徵輸嚴惰農之禁立社倉之法使民有無相通流移復業者千餘家作社學修文廟改明倫堂建尊經閣以至師生之舍處凡數百楹復簿正祭器課訓生徒葺邑治毀淫祠新帝堯之陵其餘善政甚夥陞知蒲州邑人立遺愛碑

郭玳　狄道舉人二十五年知縣秉心廉靜蒞政公平有邑人爲鹽法事欲撓法私賄千金玳輟食題壁曰惟士之廉猶女之潔苟有一點之污將爲終身之缺不受陞本府通判

孔鯤　安肅歲貢四十年教諭學富才優訓士有方署篆不染

陳萬言　錦衣衛進士隆慶二年知縣時通利渠壞萬言復修之均其水利又東關舊有水門豪強堵塞

萬言開之士民題其門曰泉通門萬言號過泉從其號也陞蘇州同知

邢雲路　字澤宇安肅進士萬曆十四年知縣値歲大祲疫亡載道雲路禳蝗禱雨賑饑瘞骸竭誠盡瘁興學育才恤孤理冤築千金堰以興水利開永豐渠以防水患修輯邑志議正四禮建惠民局於四門創生園於驛地爲政五年政事文章俱堪不朽士民戴德立祠澇河上

王榮誥　華州舉人十七年教諭素負文名教士一遵蘇湖遺法祀名宦

周文斗　沂州進士崇禎元年知縣時東西山盜起河西一帶殺擄無虛日郡城無兵衛指揮王章率武生快壯衛軍征勦不克文斗守禦甚嚴賊不能犯士民戴德爲立祠祀之

國朝王承露　益都進士康熙二十三年知縣釐奸剔弊潔已奉公不肯諂事上官有古強項風吏民畏而懷之革除雜泒自承露始奉　欽取

賽璋靜海衛進士二十六年知縣慈祥愛民鎮靜率物廉潔自持前任王令以才能著稱興利除害爲
本朝第一璋一循其治不事紛更民甚德之行取部曹後爲本省學道

秦棠語具本府知府條下

趙鳳詔武進進士四十年沁水知縣以才能調繁本縣精明強毅肆應弘通而操守尤爲嚴潔會
大駕西廵召見勞問賜書予金尋特陞太原知府

襄陵縣

明周郁字文盛濟南人洪武三十一年知縣律己以廉爲政以寬賦役均平詞訟簡少民德之陞渾源知州

丁璡鄢陵舉人宣德五年訓導重修文廟教誨有方陞翼城知縣

楊志學河南舉人正統九年教諭操履清慎訓誨勤篤嘗從薛文清公講明理學甚得其淵源涖教八年而卒家貧無以歛殯學徒權厝城外僧舍文清過而哭焉後其子御史嶽以公歸葬

張元陝西舉人天順四年教諭以詩學傳授生徒勤於訓誨科第稱盛後陞國子監博士

薛驥字德良華亭舉人成化二年以監察御史出知本縣慈祥愷悌爲政簡易百姓便之後以不附權要見沮當道解印綬去

謝謙字守遜章丘舉人七年知縣勤謹有爲嘗蒙旌異

張鼐字用和歷城進士十二年知縣政清訟簡吏畏民服百廢俱舉大振學校甄陶士類縣俗故偷葬鼐革之以從厚十六年以持身廉謹牧民有方擢御史

李洛故城進士十八年知縣爲政廉平吏事明達嘗置二牌書民善惡於上以示勸懲民皆化之甲辰歲凶煮粥食饑全活者甚衆纂修縣志增祀鄉賢擢御史

張文佐西平進士二十二年知縣政教嚴明清譽尤著吏民憚其風采不敢少欺行朱子社倉之法使民足食嚮義又立會招徠客商貨利滋殖趙曲有灌田水渠歲久湮塞築堤疏通民霑其利文廟祭器易瓦以錫走遞馬疋躬視肥瘠五載之間民訟簡少獄無繫囚上司廉其行能以古循吏方之陞户部主事

張賢祥符進士弘治七年知縣秉心剛毅用法不撓擢慶陽府同知

李高虞城進士十年知縣清勤剛明他郡難決詞狀胥以取平政暇召集生徒親校課業創置汾橋開通

山坂百廢俱舉旌善懲惡令行禁止在任五年獎勞者五旌異者四士民頌其德政四十餘事以政治第一擢御史

張雲信陽進士十五年知縣平易親民一時循良稱首官至戸部尚書

王庚灤州進士嘉靖十年知縣存心愷悌政行廉平民愛戴之官至左布政

何思雄縣進士十三年知縣青年司民祉練達老成培養學校邑中有巨惡前官卒莫敢詰思殲之政治嚴肅人不敢干以私良善賴以安全累官都御史

高節咸寧進士十六年知縣廉以自飭嚴以戢暴體悉民瘼備極慈祥省里甲均賦役絲毫不擾於民居常不聞敲朴而民卒不忍欺幾至無訟擢南户科轉河南知府以上俱祀名宦

黄鉞興濟人嘉靖間訓導純篤清慎

劉希召之　衛輝舉人十九年知縣修城垣建城樓人共稱

白景輝　安平人嘉靖間教諭存心光大

趙希益　樂安舉人二十八年知縣崇葺學舍展拓城垣士民均賴

張紹芳　噂縣舉人嘉靖間教諭誠實有守

孫倌　安化舉人嘉靖間教諭學問該博

張國彥　邯鄲進士四十二年知縣廉慈而能持重政先本源以科條飭民俗以忠孝振士習修學校勸農事遇旱步禱至龍祠父老勞之國彥曰一身何足愛萬姓荒歉可惻耳擢兵科給事中建有生祠

宋之韓　武安進士四十四年知縣有才有守朝夕自奉皆以俸易招復流亡開墾灘田民感德之審編速而且公邑有指命圖詐者核實不少貸刁風頓息勾差無擾獄訟不留加意訓士學田三十畆爲會講之需

啓聖鄉賢名宦祠各改建縣鎮城垣次第修葺祀名宦

丁由義泗水歲貢四十五年縣丞朴實廉介甘澹泊撫恤小民備極慈愛署篆曲沃有能聲以清苦卒於官棺衾無所備知縣朱之韓代爲之縉紳駭悼百姓涕泣請祀名宦

史敬思字直卿東強進士隆慶二年知縣性行沉毅潔已愛人邑有豪猾不法者按治如律紀綱整肅吏民畏服行取御史歷任少卿

錢節用四川進士萬曆五年知縣胸懷磊落氣宇恢弘

蕭大才字左溪堂邑進士七年知縣美政多端東關築堤以禦水患尤爲百世利賴

陳昜字典伯莒州進士十二年知縣正直端亮會文課士凡邑中科第皆其造就者

許儼靈寶人萬曆間訓導忠直不渝

李之芬字德馨，西平進士，二十一年知縣，撫民以仁，接士以禮，擢戶部主事。

房壯麗字咸甫，安州進士，二十七年知縣，寬恕潔廉，和平敦大，人預期爲公輔，官至冢宰，有去思碑。

楊作楫字夢符，蓬溪進士，三十八年自聞喜調知本縣，節費甦民，編審尤協輿情，有神君慈母之稱，官至山西督學道。

馬逢皐字雲麓，三原進士，四十一年知縣，才能優長，案無留牘，興大利，除大害，有如轉環，修書院以育人才，成晉橋以通路塗，興水利以灌田畝，皆其卓然政績，載在碑記，祀名宦。

竇鎧平定州舉人，萬曆間教諭，儀表端整，文翰優嫺。

衛先覺字善則，韓城進士，天啓元年知縣，修文講藝，崇儉維風，創建橋梁，永利來往，殊費苦心，擢吏部主事。

薛所藴字藴空孟縣進士崇禎二年知縣興學造士剔蠹鋤奸士民方有起色值流寇犯境所藴率鄉兵力禦登城旬餘夜不安枕繼復崇墉濬池練兵修壁爲久遠計暇即衙文督課一時科名鼎盛行取北上邑人莫不涕下因立祠河干以永遺愛仕至禮部左侍郎祀名宦

蕭譜元字賡颺永城進士十一年知縣廉正執法謝絶竿牘凡可以爲民請命者俱力任之興復水利敦崇學校其功尤著焉

李用質濟寧進士十四年知縣慈祥愷悌無赫赫之名而臨事剖斷綽有餘裕值歲祲設厰煑粥全活甚衆歷官兵科祀名宦

國朝馮勱諸暨舉人康熙二十七年知縣和易近人暇日與諸生講學課藝文章政事獨擅一時三十年行取御史特疏免平陽府屬往太潞澤沁挽運米豆至今士民戴德

惲東生武進進士三十七年知縣重建明倫堂鎮汾樓及修南郭長堤士民稱之

洪洞縣

明楊茂　洪武三年知縣修廟學建縣治并各廨舍橋梁爲政深得民心

謝鐸　郃陽舉人洪武間教諭秉心正大教誨多方科目之盛如此

李英　長安舉人洪武間教諭剛方清介文學優長勤於訓廸

王坦　祁州監生建文元年知縣惠政及民尤善决獄

王彧　開州人正統六年知縣有善政縣田多有被水患者彧悉查申得免租稅祀名宦

尹鑑　雲南大和舉人景泰四年知縣潔已愛民紀綱整肅吏畏民懷陞萬泉都司斷事卒于任歸葬洪洞

王峯都塚碑尚存

程章　保定人天順五年知縣修惠遠橋有功於民

賈琰韓城舉人弘治二年知縣資性朴實持身清介任法不畏强豪去後人猶誦之

楊光澤沂水舉人知興縣四年以才調本縣廉明寬恕御下有方百廢具興四民安堵陞忻州知州與縣祀名宦

邢昭三河進士十年知縣居官清慎吏民有相訟者以理義曉諭之令自省改實心愛民拳拳以耕織勸導修飭學宫待士以禮祀名宦

魏濟民韓城人正德二年縣丞正直不阿勇敢有爲陞夏縣知縣

劉景沂長清舉人正德間教諭文學博洽長于詩詞中辛未進士授無爲知州

蒲鋐登州進士十三年知縣刑清訟簡政教兼舉擢御史按陝西上疏乞釋楊爵獄逮繫至京廷杖死之後詔復原官仍恤錄以旌其忠祀名宦

魏瓚涇陽舉人任教諭日聚生徒勤於督率陞安邑知縣

安泰內黃歲貢任訓導通經傳大旨聚徒講解

胡肱宣府衛監生任縣丞氣度可觀才亦有爲

楊澤鄠縣舉人任教諭手標凝重條教嚴明講學較文根抵理要山東河南聘校秋闈俱稱得人陞翰林院孔目改嶧縣知縣

鄭璇陝州歲貢任訓導善自持守不肯俯仰因人陞眞寧教諭

馬瓚掖縣歲貢任教諭寬大和厚操持素謹

郭通高唐州歲貢任訓導寬弘厚重訓士有方陞吳堡教諭

孫巨鯨徽州進士嘉靖二年知縣心性淳良政多惠愛重開潤源渠灌溉八村迄今民受其利歷任戶

部郎中

姚時中　咸寧舉人五年知縣持身修謹政務平易民多懷之善草書尤長於詩

楊灌　臨城監生嘉靖間縣丞儀標豐偉才具老成詿誤去官人多惜之

張世翀　武功監生嘉靖間主簿性敏多才克盡其職

王汝衡　鄧州舉人嘉靖間訓導坦易正大學問該博先曾分校山西鄉試陞欒城知縣

周航　無極歲貢八年縣丞催科不擾民懷其惠

董九川　青縣舉人嘉靖間訓導貫通經史文思古雅尤善陶鑄多士陞垣曲知縣

楊鉞　涿州舉人十一年知縣純實寬慈去之日行李蕭然抵家設教自給士論高之

張楫　真定衛選貢嘉靖間教諭問學深邃文字蒼古仕終王府

陳諫莒州歲貢嘉靖間訓導謙謹弘博士多造就陞汝陽教諭

蔡淇宣府衛歲貢嘉靖間主簿學邃有守

昝如思字子學三原進士十五年知縣練達老成行法不貸權勢摘伏如神邑有兇悍亟剪鋤之境以大治且善作人文風彬彬以雅化稱祀名宦

楊九澤華陰進士十八年知縣明爽眞率撫恤仁慈行取御史言事謫臨晋縣丞陞聞喜知縣歷任河南僉事

周南鄭州監生嘉靖間縣丞小心勤謹學問博通

李蘭乾州人嘉靖間典史誠實無僞律例詳明

陳宗仁濰縣進士二十二年知縣持守廉潔愛民愼刑不近豪勢築堤護城拓倉廣儲欽取至京卒

肥城吏員嘉靖間典史有才幹境中巨盜剪滅

許應龍　畧盡

王業　蒲城舉人二十九年知縣才智明達斷訟得情催科不擾始修邑志陞懷慶通判彌勒知州

李朝陽　白水歲貢嘉靖間訓導講解明悉談文切理

張守棠　滕縣進士嘉靖間以御史左遷石州判官三十六年陞本縣慈良多實政士民感之累官長蘆運使

程鸞　寶雞監生嘉靖間縣丞守巳清廉事上御下有能聲陞宣府經歷人以爲屈

唐世臣　鞏縣歲貢嘉靖間訓導束脩不責寒素多感之

楊起元　欒城進士三十九年知縣才識明決事多練達行政撫民嚴而不苛敷文造士厚而有法袪盜境賴以安催科民不知擾陞兵部主事歷任副使

李與善長清進士寧津知縣四十三年以才調本縣器量渾厚有才不露守已貞廉實心愛民大得衆志陞兵部主事歷任山西副使

符載內鄉舉人嘉靖間教諭敦厚純溫博通經史推遠到之器陞館陶知縣以忤當路自投去士論高之

匡鐸膠州進士淶水知縣隆慶元年以才調本縣丰姿俊雅才具優長剖決如流裁處各當政尚嚴厲吏多悚畏後陞戶科歷大名知府

黄堂懷寧人隆慶間典史勤謹任事修城有功

王詔博野進士三年知縣才識明敏優於聽斷操持耿介修葺城樓陞刑部主事

熊鎡光州進士長治知縣萬曆元年服闋除本縣諳練事宜洞徹積弊修羊獬橋行保甲法講鄉約嚴禁羣吏紀綱肅然陞南京兵部主事

南兆 濮州進士五年知縣性資溫厚政事優容理訟多協民情後陞延安同知

孫必達 樂陵選貢完縣知縣左遷本縣教諭學問優長才識明敏爲文切理課士有方署篆襄陵練達政務善決民情政簡刑清節財省費居未數月民多悅服陞靈石知縣

喬因羽 耀州進士八年知縣仁慈精明重修學宮特建魁星樓募修邑乘立社倉積穀賑饑審編清糧永免賠累買馬省民千金捐俸建公署于楊曲鎮種種德澤迄今追誦之欽取兵部主事祀名宦

胡三省 沙河進士陽穀知縣十三年調本縣敦厚惠愛美蹟班班有循良之稱前令修縣志未成三省終其緒

李炳 盧氏進士十六年知縣美政多端特創尊經閣人文蔚起士民追思不衰

馬從龍 安丘進士二十一年知縣持躬端方器宇鎮靜條編錢糧四季徵收至今闔省永爲定式取嚴

一介獄折片言有清獻斧肅之風

駱任重墊江進士三十一年知縣儉朴自持毋事執法而多所平反累清之操湛若冰壺時人稱范叔度趙清獻再見陞鄖陽同知

蘇夢龍霑化舉人萬曆間教諭才質粹穆手致爽藹多士如坐春風中

方應明光州進士壺關知縣三十五年調繁本縣異政多端有神君之稱興利除害不畏彊禦作養學校尤其惓切特拔入上授經課藝咸登科第時號入俊集有作人錄一時傳誦士民建生祠立去思碑

李禎宁號敬軒虞丘進士三十八年知縣爲政得大體愛士課藝藻鑑不爽決獄執法不阿權勢剔弊如神吏胥凜凜時有豪右結黨武斷不憚法令被害者含冤不敢伸禎宁廉知穢迹治以極法兇徒屏息善類以安萬民快之累陞山西兵備副使得軍民心致政旋里遇變竭力守城城陷殉難虞丘立祠祀之入名宦

許台雋祁縣舉人萬曆間教諭氣岸軒昂識解優異立社課藝不蹈庸腐之習

馬鳴世武功進士四十四年知縣政尚寬平建立社學興起人文南澗故有河堤累被衝潰督工修築高厚倍之更壘以石北葺惠遠橋通水利便行者人皆感之

李若梓南充進士天啓二年知縣政事原本經術恩威並用待士以禮撫民以仁革火耗蠲贖鍰弊絕風清陞主事

趙京仕城固進士五年知縣興學愛士創登瀛書院於玉峯觀課文較藝人才蔚起士民懷德於迎薰門外建生祠

高厚長治舉人天啓間教諭秉性淳朴制行清端文章力追大雅允爲多士之式

袁葵東明進士崇禎六年知縣清而且明治煩理劇寥無留牘言笑不苟一時狐鼠斂迹

楊天精虞城進士七年知縣吏治幹練立社育才建橋利涉卒於官士民懷之

國朝金貴奉天人順治六年知縣平易近人壬辰大潦澗水暴漲幾浸城郭脫衣禱神水遂降

徐之燧山陰人順治間縣丞器宇春溫處事犀利勤慎有守佐理之傑出者

趙三長繁昌貢士十三年知縣以清儉自持利弊多所興除學宮公署城池橋堤盡力經營政事之暇肆力於古文詩賦推重一時

王鎮寰平順歲貢順治間教諭嗜古力學朝夕不輟訓士得體修學有功

胡騰鳳順天貢士十八年知縣老成持重溫厚和平卒於官民共懷之

邵琳餘姚舉人康熙十二年知縣慈祥愛民重修邑志以老乞休

萬錦雯宜興進士康熙間縣丞藝苑著名遷客中之賢者歷廣宗知縣

鄧崇京山舉人三十一年知縣性資質實持守廉愼節財愛民不事敲朴有召杜之稱立社課士邑中科第蟬聯不絶皆其力也

浮山縣

明徐秉燮 杞縣人洪武初署縣事重修縣治

趙思義 杞縣人洪武五年知縣增修堂廨

賀琳 宜君人洪熙時縣丞贊政不苛常捐俸備禮勸富民助償逋稅自是流移復業及憂去民饋賻不受泣送者至數百人

王磬 沂州人宣德初知縣蒞政廉能鯁介不屈遇旱齋戒自責徒跣拜禱得雨而後已及去民攀留泣下

王綸 開州進士成化間知縣作興士類愛民如子嘗刻表忠勸學二錄令民誦讀以勵風俗後子崇慶任山西副使祀名宦

羅端 鄧州舉人弘治間知縣廉明仁厚遇歲荒曲加撫字賑濟有法民賴以蘇卒于官士民莫不垂涕爲

之罷市祀名宦

趙賛隆　巢縣人正德間知縣爲政持大體民有不葬其親者論以不葬其風遂變

許安　龍門衛人嘉靖十一年知縣重修縣治纂輯邑乘功不可泯

毛述古　滑縣舉人二十二年知縣重建城門便民出入

吳增光　盩厔舉人隆慶間知縣疏通西城水道有功於民

左桐　密雲歲貢萬曆二年知縣建明倫堂以興文教

奚子厚　白水人萬曆間知縣吏治卓異世共推之

劉伯綬　歷城舉人萬曆間知縣善政甚多民懷其德

趙應斗　雞澤舉人四十二年知縣廉明有善政

陳崇儒呈貢舉人萬曆間知縣讞獄平允他處難决之案俱藉審理至無虛日歷陞秦州道

李乘雲高陽舉人崇禎間知縣清剛英毅有文武才流寇數萬逼邑城乘雲善射一發殪賊渠魁賊遂退城賴以全行取入京尋陞本省兵備道轉河南大梁道駐禹州十五年闖賊陷城下令屠城日何砲傷我多人乘雲曰發砲乃本道所命於百姓何干賊聽止脅之降厲聲曰本道朝廷命官豈向亂賊求活耶賊怒磔之河南祀忠臣廟

國朝安應耀奉天貢士順治六年知縣方正有重望慈威兼濟姜瓌變後餘孽盤踞東南鄉百姓苦之應耀推心招撫遣千總秦文英獨者張三鳳抵賊營開諭順逆降賊衆八百餘人賞其僞遊擊李元標等六人銀幣安插得所境內悉平仍請蠲除荒糧數千石殘民賴以頓蘇縣治爲賊所燬經營締造視前有加焉

楊名世商城舉人十四年知縣綜核斂給周知民情好微行每夜出見縱飲博戲者輒拘治之盜賊屏

息復大新學校立社館養士呼字而不名士風因以丕變

羅博　鄭州進士康熙七年知縣以風節自持懸令與百姓約但所告訴與所爭之事不合者即反坐民畏之訟獄衰息一境肅然闢閒館於公署之左暇日課士文運頓啓則其力也

太平縣

明白原善　洪武初主簿建置公廨壇廟政績昭然

沈士廉　蘇州人洪武間知縣拓地建學士林感仰

袁景　甘泉監生洪武間主簿貧能自守隆冬單衣視事有小吏夜持緼袍遺之辭弗受詰旦諭衆痛懲之自是奸頑斂迹在任七年一介不取擢江西道監察御史祀名宦

李湝　定州舉人成化間知縣聽訟明決民有積冤不伸者悉得其情時號神君陞鳳陽通判

尹琢　泰州進士弘治間知縣立法嚴明強暴不遜者悉鋤治之愛民敎士有古循吏風祀名宦

龔進　高安進士正德間知縣剛明有爲築城鑿池境内恃以不恐

耿儒　武功舉人嘉靖間知縣剛介明察吏不敢欺捕緝有方幾於道不拾遺增學校砌城堞兼新壇壝橋

梁等處士民懷之陞廣平通判祀名宦

張一誠壽光舉人嘉靖間知縣繼陝西張拱北爲政時稱前者爲昏張後者爲清張

鄒學書寧晉監生嘉靖間知縣修文中子祠立社課士至今有遺思焉

劉廷芝唐縣舉人嘉靖間知縣吐辭爾雅愛民以德不媿循良

楊橋華州監生嘉靖間主簿賦性慈祥時以活佛稱之

羅潮三河舉人嘉靖末知縣裁供應之規革夫役之冗士民安堵遠邇稱賢陞磁州知州祀名宦

牛思牧清河舉人隆慶初知縣沉毅有爲遇荒治盜民賴以安陞兵馬指揮

武成寧州舉人萬曆初知縣修學慶陞稱能吏調盧龍祀名宦

胡璉城固舉人萬曆間知縣才具明敏丈地均糧人莫能欺陞河間通判

周諏延津歲貢萬曆間知縣秉心仁厚毅然有守

侯于寗渭南舉人萬曆間知縣才幹素裕諳悉民情建清儲鎮民共賴之陞保德州

衛先範韓城進士萬曆間知縣禁奢崇儉丰采可欽以才調繁洪洞

趙京仕城固進士天啓間知縣嚴飭内外法度肅然以才調繁洪洞

李喬崑高陵進士天啓末知縣葸不姑息廉不矯激以才調繁洪洞

魏公韓黄岡進士崇禎間知縣以文章名海内廉明歷練邑有伯益祠墓居民侵占幾至漫滅公韓清出重爲修理又增建磚城殺賊有功士民思之不衰爲立生祠祀名宦

國朝何迥秀真定舉人順治二年知縣仁心爲質課士有成

孟繼昌奉天貢士三年知縣清白自厲具古之廉吏陞寧羌州

程衡奉天貢士九年知縣才力超羣積逋一清行取御史

盧易惠安進士十三年知縣秉心愷悌緯以儒雅崇修文廟學宫爲士林山斗行取禮部主事

何煒然臨海舉人康熙十年知縣爲政以惠和稱蝗不入境禾生三穗修文中子祠有振興文教之功

吳軫武進進士十二年知縣治邑九年精斂勤練迺如一日澹泊自奉留心民事纖細不苟若審戶清田房稅諸務俱不漏不苛建堂築堡費半功倍吏民咸畏愛之陞德州知州

趙城縣

明凌文質洪武初縣丞重建縣署學校功成而民不擾祀名宦

楊瓚蠡縣進士宣德間知縣徙建治廨以避水患愛民如子常設處綿花給民織布記其姓名收庫及起運各以原布輸糧事簡民安歷江右布政祀名宦

何子聰吳橋進士正統間知縣建城創廟體悉民情政聲丕著尤善大書至參議祀名宦

張傑鳳翔舉人正統間訓導學精五經教化四維士習爲之一變祀名宦

向明巢縣舉人弘治間知縣持己廉靜蒞政公平禮士愛民興利除害有婚喪不給者捐俸助之卒于任老幼悲泣祀名宦

黄直直隸進士以編修正德間謫教諭廉以持己勤以敎人始終不衰至今士林景仰祀名宦

趙元凱 商州監生嘉靖間主簿牧愛百姓有去後之思

強自省 鳳翔舉人嘉靖間教諭建鄉賢名宦二祠修講堂號舍造祭器立科第碑秉性剛直課士不怠署汾西遺愛在人陞芮城知縣轉通州知州

賀國定 獲嘉舉人四十一年知縣恪守官箴政平訟理愛民課士弊革風清訂釐誌典有裨名教建鐘樓甃泮池開渠築堤其益良多

王念 盩厔舉人四十一年教諭纂修誌書嚴于課士陞順天教授

竇經 岐山貢士四十三年教諭纂修縣志及各廟橋梁碑記

趙田 萊陽人四十三年主簿刋誌書造祭器有益學校

史紀勲 祥符舉人萬曆間知縣汾水浸城督築底績且修堤堰禦水城北重修永鎮橋

董厥修長清亞魁萬曆間知縣居官一塵不染始終如一體悉民情加惠學校釐正祀典凡學宮公所多所修理增建董家渠于城北引汾水灌田數百畝民多賴之去之日行李蕭然士民服其高致

李應聘乾州舉人萬曆間教諭文行兼優課士有法後歷陞隰州知州

鄭國勳葉縣舉人萬曆間知縣蒞政嚴明奸宄屏迹洪民告續霍渠陡口侵奪水利爭之獲止

湯之相廣濟舉人萬曆間教諭問學淵深尤長于古文詞邑中文風爲之丕變甲午順天丁酉河南兩聘房考陞國子監助教累官黎平知府

張如鈺隆平舉人萬曆間知縣鋭意吏治弭盜有法陞解州知州士民立生祠祀之

郭峻通渭舉人萬曆間知縣平易近民人心悦服丁艱去百姓泣送之歷官知州

朱時麟南和選貢萬曆間知縣清廉振俗疲敝一新申裁鹽引與民蘇息洪民告奪水利力爭之獲止

至今民頌德焉

劉四端息縣進士萬曆間知縣愛民課士剔弊釐奸紀綱肅清裁華霍渠冗費民間歲省千金甫二年以卓異改調臨汾士民保留不允爲建生祠祀焉

李維標京山進士萬曆間主簿學問淵邃勤以課士古有通利渠臨民告奪水利力爭之獲止有生祠祀焉

張大行蒲城舉人萬曆間敎諭歷俸六年苦節自持懸懃課士陞寧鄉知縣覇州知州

陳時春唐縣舉人天啓間知縣蒞政平和與民相安丁艱去補任封丘擢台州同知

秦樂天三原進士天啓間知縣修學課士勤政愛民

張斗溫縣拔貢崇禎間知縣築堤護城剿賊安民

張翰太谷人崇禎間教諭愷悌作人多士咸服離任日勒石誌之廣文之有去思碑自翰始也

孫份汜水舉人崇禎間知縣築城南障水堤一道用磚石包砌縣城東西北面增高五尺鑿池深一丈邑人立德政碑

李承謙葉縣人崇禎間典史服官清廉時流寇犯境卒保無虞士民德焉

國朝秦嘉兆奉天人順治元年知縣時大亂初定招撫流移肅清衙役均平差徭纂訂誌典開南路以廣通衢設學田以惠多士捐俸建修中鎮廟暨簡子祠政美人和百廢俱興甫一年擢本府知府歷江西左布政祀名宦

胡仁餘姚人元年典史才優而有守重開通利渠督修護城堤其功甚偉發奸擿伏卓有能聲

田起龍奉天生員三年知縣剔弊除奸恤民愛士大兵經過調御多方築堤護城修橋通濟士民頌之

趙祥星奉天貢士五年知縣英明仁慈吏畏民懷歴陞御史

安錫祚章丘進士十二年知縣體恤民隱周知疾苦嚴城守清保甲除火耗均賦徭蠲贖鍰每月課士經藝文風丕變捐俸修學宫暨文昌閣諸正祀神祠訂修誌典俱有裨名教奉　欽取邑人思之

丁大年大同舉人十三年教諭篤嗜古學正身率士復能捐資修學

岳陽縣

明陳宗哲歸德舉人洪武間知縣招集流亡改科田稅民樂歸之

姚顯順天舉人弘治間知縣勤政愛民吏胥畏服祀名宦

元思永湯陰舉人正德間知縣重修學廟煥然一新師生多賴其惠祀名宦

任繼宗蒲臺人正德間教諭祀名宦

周晃貴州貢士嘉靖間知縣政績甚著祀名宦

李應奇鎮原進士嘉靖間知縣有惠政祀名宦

國朝李丕先長山進士康熙元年知縣鼓舞學校勸課農桑陞建昌同知民立書院以祀之

趙時可涇縣進士十四年知縣清風介節訓士愛民甘棠遺愛歌咏勿替

王昜陛萊陽舉人三十七年知縣蒞任初適奇荒之後多方撫字殘黎得以再生仁風善政至今稱頌行取刑部主事

曲沃縣

明傅榮　洋縣人永樂間知縣以剛明著聲

吳佐　西安衛舉人天順間教諭動守禮法綽有師範以憂去補稷山教諭著大學經傳元編人多傳之

劉璣　咸寧進士成化間知縣廉以律已仁以愛民疏通水利巡行阡陌間教民耕穫戶栽桑棗三百株招撫流移復業者凡數千家積倉穀葺齋舍復立社學督民行冠婚喪祭禮著勸民直説童子小學使其知孝弟忠信之道爲政八年民到於今思之祀名宦

姜寶　字若虛蒲城進士弘治間知縣謹慎清介厲氷蘗之操嘗有句自矢曰行事難逃天地鑒立心不畏吏民知後擢御史巡鹽河東值歲饑撈鹽數百萬引抵入田租又賑活饑民萬計

周雲　徐州舉人弘治間知縣公正廉介吏畏而民服

何鳴讓高苑舉人弘治間敎諭性清潔泊然無所營講學課藝無間寒暑士之貧乏者百計資之俾其專精肄業與諸士同宿學舍每夜二鼓督讀益力嘗敎以修巳治人之道不沾沾爲溫飽計甫二載卒于官諸士如喪考妣祀名宦

葛檜錦衣衛進士正德間知縣鋤強抑暴豪猾遠迹磚甃城堞功著保障陞御史終光祿卿

侯秩長垣進士正德間知縣律身嚴重喜怒不形於色興禮正俗救荒止暴民甚便之嘗於退食時召諸文學爲疏經史奥義夜分不倦一時學者仰之如山斗祀名宦

李遲字德進滑縣舉人正德間知縣葺學宮以作士氣毀淫祠以禁異端敦儉素以杜奢靡嚴斥堠以遏盜賊儲蓄倉糧殆至萬數疏通獄囚囹圄幾空作勸民十二事刋布簡明直要切中時弊申代辦銀兩十減四五立兩驛接遞之界正南北交界之坊至今遵之陞知隴州歷官叅議祀名宦

楚書寧夏進士嘉靖時知縣性果毅長于應變字弱鋤強發姦擿伏如神吏畏民服四境肅然祀名宦

岳倫懷安衛進士嘉靖間以行人改任曲沃撫民以寬馭吏以嚴人稱其仁義兼至時賦役日煩申免代辦銀兩三分有二民困始甦歷官郎中祀名宦

劉睿生邑縣進士嘉靖間知縣蒞事勤敏政多撫字初終罔倦始著邑志以備文獻行取御史

陰秉暘汲縣進士嘉靖間知縣績學宏深雅意造士出所著讀書抄廣厲學者設立社倉勸民積貯以備凶荒居恒不見喜怒之色當官不爲赫赫之名百姓愛戴若召杜焉行取御史祀名宦

張學顔字子愚肥鄉進士嘉靖間知縣聰敏俊雅政尚嚴明地震修城不費里甲營繕公所俱由設處民不爲病行取工科給事中歷官户部尚書

劉奔安陽進士嘉靖三十六年知縣先一年地震民間瘡痍未起奔天性淳厚一切務崇寬大而於黠者

輙抉其隱不至廢法祀名宦

郭庭梧　字子材新鄉進士嘉靖間知縣刑清政舉吏民畏服二驛衝要歲費不貲以站銀羨餘貸顧歲省數千金沃代吉永徑歲若干力辦歸之民始得甦值歲饑捐俸賑濟存活甚衆修濬城池節力時使民不知勞陞御史歷官府丞

楊時寧　祥符進士隆慶間知縣立法周詳恩威並著政化大行其均丁糧差役貧富稱便百姓肖像立碑陞吏部主事歷官兵部尚書

沈時叙　祥符進士萬曆間知縣發奸除暴政敎嚴明刑清政簡民服吏畏力任均田徧歷田野立表定區清出欺隱若干通辦正供民間宅基墓域槪行蠲免民力大甦行取御史

楊本古　漳縣人萬曆間縣丞居官勤敏案無留牘

何出光扶溝進士萬曆間知縣軫念民瘼革里甲供應諸項歲饑發粟賑貸設粥廠數十全活者衆後疫作開局施藥死者葬之尤重學校朔望詣學宫宣講經義諸生環聽如堵又立社課藝親爲丹黄一時人文彬彬稱盛凡有營建民不爲擾後陞御史以忤内宦轉太原知府祀名宦

曹種寧鄉貢士萬曆間教諭賦性剛明規模嚴整後陞徽州學正去之日士子泣送不忍别

趙彦復字徵生杞縣進士萬曆間知縣有理繁治劇才以興利除害爲己責減均徭募驛馬革堡官木鐸老人禁子門夫諸役時歲祲發粟煮粥多所存活纂輯汾史徵信傳疑成一家言堪垂不朽善政多端陞户部主事祀名宦

周士樸字纘唐商丘進士萬曆間知縣居官持大體不喜鉤距當聽訟時開誠布公霽色勸諭民亦感其德歛相誡不犯陞禮科給事中祀名宦

楊撝 蓋州人萬曆間縣丞剛明有爲清操不染

張文光 祥符進士崇禎間知縣抱負卓犖義重君父大練鄉勇日較騎射蓋是時流氛蠢動四郊多壘也祀名宦

項易 禹州貢崇禎間由河內訓導陞曲沃敎諭嚴正敦重動止不苟陞沙河知縣城陷死之

耿章光 館陶進士父山西廵撫都御史如杞天啓間忤逆璫下詔獄章光充家僮獄中侍父惟謹崇禎間任曲沃剛方有爲人不敢干以私有廢必興有害必除尋以不媚調簡香河瀕行遺一聯曰解印空傳去害馬移山何日是堅城旁註云沃兩大事光未竟其志望後之君子懸寅賓館民至今思之

國朝田一冲 內丘人順治二年知縣蒙城驛馬久爲沃苦累一冲慨然釐正已還其半詳見祠碑

周鉞 莆田舉人康熙五年知縣均編審嚴保甲減募夫禁私泒事載沃史

翼城縣

明李諒　濰縣人洪武二年由中書省掾知翼城縣事性樸素執持公正凡聽斷洞悉人情民無怨言時天下初定庶事草創移縣治以遠水患除奸宄以靖良善諸壇壝倉鋪多所創立遷孟州祀名宦

薛大昉　字德輝蠡縣進士三年縣丞愛民興學延致元名洋溢朝野陞翰林檢討李炳奎教授生徒佐治十載清慎之御史累官布政使祀名宦

徐禎　字天祥遠安舉人景泰元年知縣敷政慈仁吏民愛慕

王綱　字文紀洛陽舉人四年知縣政績有聲號洛陽王

王珏　字廷玉昌邑歲貢天順六年知縣清勤端謹威信服人莅細民煦煦如子以米豆遺者曰吾赤子也俱受之至犯法不少假雖豪惡皆化爲良善去之日爭奪肩輿送之有一民嘗爲所笞珏詰其故對曰小人自

受笞以來各事生産家頗饒足皆父母賜也至今民稱之曰山東王祀名宦

賴英　字文玉任丘舉人成化九年知縣仁以御民嚴以束吏民皆慕之

段應　字文舉固始舉人弘治二年知縣清介簡易不爲繁苛刻木人于縣門外謂之木伴哥凡有訟命里胥抱至犯者門首罪人自至卒于官

閆鎧　涇陽人弘治間教諭敎人有序利無苟得以禮經授生徒至今傳之陞昌平知州累官知府

崔進　隆平監生六年訓導醇厚朴實勤于敎士講課不怠五十餘年猶有涕泣以思之者

張忠　字行恕泰安進士十三年知縣明敏有才累官平陽知府

蔣瓚　字君器高唐舉人知繁峙縣正德二年以才能調翼城爲政廉平訓小民如其子弟折獄甚愜人情邑有虞芮之風陞定州累官郎中

宋汝澄字東之武陟舉人五年知縣秉性質直實心爲民遇流賊攻城率民固守力能捍衛城賴以全

南陽監生八年訓導質實不欺甘淡約貧士饋送無所受㕓伴讀

鄭和

靳顯字養晦滑縣舉人十二年知縣修城堞建城樓有功民祀

張琴鷄澤歲貢十五年縣丞剛正寡合澹泊自守秩俸之外毫無所取仕翼者清操稱爲第一丁内艱去

嘉靖初補聞喜丞以禮度自飭廉謹著聞陞太原府經歷行李蕭條祀名宦廣平志入鄉賢傳

孫昂字一鶴昌邑進士嘉靖元年知縣行廉才敏案牘不留百姓有力于農桑者輒勞賞之邑有興作惟恐以重役煩民多方措置累官四川僉事

王利字秉義陽信舉人三年知縣廉正有守下車初即除數大猾境内肅然莅堂皇凛不可犯然實慈惠凡小民情隱無不周察剛介之操歷二十年如一日累官工部郎中民至今頌之祀名宦

苛丁内艱去之日士民祖送西郊哭不忍別

陸鰲　四川行都司歲貢七年主簿貞廉有才幹慈祥不

張鴻　字雲漸安化歲貢十一年縣丞廉而有能值白蓮賊燬縣署移廢寺殿材改建廳廨廊舍覔工助役不勞一民半載而成又遇歲饑賑救所活甚衆陞羅山知縣

柯綱　直隸人十八年主簿任事勤愼不苟取民皆德之

鄢桂枝　字如一四川舉人授高陵教諭二十二年陞翼城知縣性慈祥不爲苛激待士以禮治民以惠綜理詳審廢墜俱舉創刻縣志後陞劍州知州

郭安世　字時雍鄜州歲貢二十三年教諭質實好學督課諸生若親子弟恩義藹然去之日諸生涕泣遠送留其履以識遺愛

劉光遠　字子勉杞縣進士三十一年知縣敦儉崇朴邑舊有代辦他邑差銀民甚苦之光遠力請于上

免代辦銀伍百兩脫民積年負累之苦人感德之歷官苑馬少卿祀名宦

張清萊州歲貢三十一年教諭性簡靜督課不懈陞潞安瀋府教授諸生愛戴之

宋虎良幕歷城吏員三十七年主簿有才能謹操履至今稱

單訥東強進士四十二年知縣性介而勤雞鳴即起庭無留獄朔望謁先聖畢輒與諸生講授不輟請蠲邑中代辦差銀五百餘兩民愈便之丞以帑金羨餘私餽之訥叱之曰爾貪墨自穢乃穢我乎吾當爲百姓去汝矣會病篤邑人參議劉志聘以木感其德也誓不受木竟以直納之及逝士民流涕罷市立遺愛碑祀名宦

孫兖固始進士萬曆三年知縣儉約無苟取丁外艱歸去惟敝衣數事而已補涞水縣擢御史陞山東僉事

張養心商州歲貢萬曆間任潞安府訓導甲午中山西鄉試二十三年陞翼城教諭登戊戌進士性情

寬厚士多慕之任敘州大同兩府推官

李嵩 稾強進士天啓三年知縣慈敏多仁政邑有代辦壺關萬泉差銀六百餘兩公力請得免擢御史廵按本省爲民興利剔弊時翼遭兵荒捐金賑貸更題蠲正供人咸頌德歷官湖廣布政祀名宦

王俗長 吳橋舉人崇禎三年知縣廉幹愛民息訟勸農更建文峯科名日盛儲備火器寇莫敢犯至己丑逆寇圍城猶賴其用壁遼州邑人爭爲攀轅歷官河南兵備殉節

李士淳 字二何程鄉進士四年知縣學博才長講藝課士寇臨城下猶不少輟邑之文風自此丕變建翔山書院以勵後學調曲沃任满擢翰林編修祀名宦

趙堪 字原埜汶上進士八年知縣果毅明敏奸宄肅清他郡疑訟多移勘質建四城角樓歸併里甲邑人便之卒于官民立祠祀之

李根深字淡寧宛平舉人十五年知縣潔己惠民邑有泒征黄絲大爲民累根深劃爲官收官解歲省民財無算司道行部供億適可而止日朝廷設官爲百姓耳病民結權吾不爲也陞濟南同知

國朝趙昉字海曙武城進士順治二年知縣慈祥練達能有大略時東山邪教倡亂昉審請兵征勦殲其渠魁城全民安

陳珽字壺嵐高平舉人四年教諭學有淵源心存正大士林藉爲模楷陞國子監學正戶部司務

何斯美字雲部鎮番衛舉人五年知縣材兼文武撫禦多方時值寇亂斯美同弟斯盛躬親臨陣所至有功至六年七月間大寇數萬圍城凡九晝夜極力捍守城全民安陞開封同知士民至今思之

王明輔順治間典史職守勤敏捍城有功姪王國寧隨何斯盛陣亡

白珍奉天生員七年知縣姜瓖之叛府屬州縣盡陷翼獨保全前令何斯美力也朝議失守官革職並及

斯美哆囉王勒兵征勦珍翻清字啓王力爲昭雪斯美
復任翼境得免屠戮珍改令長興

胡獻珵字心蓋遼東進士九年知縣廉靜不擾修學宮
擒逆魁安定國等一時盜息歷漳州知府

左斗光字暎心膚施拔貢十五年知縣才猷練達操持
清愼陞許州知州

劉中立慶雲歲貢康熙二年縣丞持身正直恬靜寡慾
致仕歸

陳應富字方穀遼東舉人十一年知縣明達吏治甫下
車即詢民間利弊毅然以興剔爲已任且雅重
斯文惠愛百姓允稱良吏焉

溫旌光字冠麟介休舉人十一年教諭律已端莊接人
平恕文章道義允爲多士師範

王璆字紫垣眞定例監二十年知縣廉正剛果善治盜
不避權勢陞肇慶同知

司鋐字鼎臣寧晉進士二十四年知縣寬弘廉靜實心
愛人兼攝曲沃亦有樂只之頌　欽取吏部主事

徐國顯字東谷合肥拔貢二十七年知縣講學造士有功文教行取御史

臧含璧壽張拔貢三十六年知縣嚴毅有爲任事僅八月卒于官邑人哀之

汾西縣

明洪彥昇 莆田進士洪武八年知縣修學校壇廟廨舍民不知擾後世有遺惠焉祀名宦

劉亨 遵化監生二十九年知縣爲政公平操守廉潔聲績遠播民皆誦之陞本府同知

賈珪 巴縣監生正統間知縣清廉仁恕操守最潔後以子奭封御史

王旋 洛陽進士弘治元年知縣興學勸農政敎丕著

路欽 永年監生正德五年知縣正大廉潔剛明果斷豪猾斂跡私謁絶蹤庭無滯訟祀名宦

高福 大興舉人十年知縣深沉簡重政治嚴明執法正大光明以廉能調夏縣

黃甲 陝西人嘉靖間知縣實心實政爲國爲民鑄火器修城池經亂無虞皆其力也祀名宦

王汲 西鄉選貢萬曆十七年知縣風姿清秀才識英明守已廉潔撫民仁恕刑清訟簡優禮文士

毛烱任縣舉人三十四年知縣興學校教紡織栽桑柳執法嚴而存心恕刑清政簡痛絕私謁陞揚州府瓜州同知祀名宦東門又有專祠

張爾維咸陽舉人崇禎四年知縣捍禦有功祀名宦

國朝蔣鳴龍改名鳴梧建德拔貢康熙八年知縣廉明慈惠念汾處萬山地瘠民貧詳憲豁免包賠小戶納糧麥黍兼收照時估價民甚便之協濟驛站革去額外浮費開渠溉田安輯流亡善政班班可紀

靳讓尉氏進士三十四年知縣潔已愛民薄稅省刑捐俸新學宮修城垣俱煥然一新歲饑設法撫恤民沾實惠歷官五載善政班班行取御史

靈石縣

明張先洪武十一年知縣恤民愛士時當草創百廢俱興

賈昭濟陽舉人洪武間教諭學行卓越歷官雲南布政使

馬馴遵化人宣德九年教諭清操不苟尤善訓士

張翼正統七年知縣興學造士拓城北面以增形勢

范寧郎墨人景泰七年知縣公廉勤慎築堤捍城水不爲患

黄綱南陽舉人成化七年教諭學問淵源氣宇弘濶有功文教

孫璲韓城舉人正德七年知縣精明周審當流冦屢破後百廢具興

張永清萊蕪監生嘉靖六年縣丞賦性方嚴制行淸愼卒于官祀名宦

种奎　隰州監生十七年知縣質任純誠精明仁恕凡事以安靜處之濬城池疏通水利皆有實惠民稱頌焉祀名宦

王植　安定舉人三十八年知縣明敏慈惠修學造士祀名宦

曹乾　保安衛監生隆慶五年知縣苦節自甘因母老致仕

白夏　潁川衛人萬曆二年知縣修韓縣志

國朝張曝　趙州舉人順治二年知縣設立驛遞昌明正學尤爲首功

李廣生　大興拔貢十七年知縣寬明仁恕人歌樂只

孫進修　榆社人康熙五年訓導修學禮士動止端方

侯棨圭　濟源舉人康熙間知縣修堤公勤民樂趨事力爭封疆不畏強禦政平訟理有召杜之謡

蒲縣

明劉犹　長安人弘治間縣丞勤政勵操執法嚴明陞御史

葛蘭　信陽進士嘉靖三年知縣持躬廉慎敷政公平斷獄明允隣邑不决者咸質成之倉庾盈溢遇歲荒賑濟有方民獲生全

牛惠　咸寧舉人七年知縣秉性剛方立政廉平興革協宜吏畏民懷去任民歌之曰來時行李蕭然去時行李蕭然岱嶽祠前經過此心不負皇天至今有遺思焉

李居仁　觀城貢士二十二年知縣清苦自甘處官如家一介不取致仕歸百姓思之

韓超然　臨淄貢士隆慶三年知縣清介剛方潔已恤民修城池興水利大得民心任二年以疾乞休百姓懷之祀名宦

吳崇禮寧陽進士萬曆十五年知縣冲襟雅度潔己愛民時值大荒多方賑貸全活甚衆蒞任八月百務改觀以才調臨晋百姓思之後官兵部尚書

高應科邢臺舉人十七年知縣秉性率直敷政精明自奉甚儉有𥌓藜布被之風陞汝寧同知

羅永新三河貢士天啓三年知縣操持嚴峻政事精明遷學官以開科裁里甲以蘇困歷任四載多所興革陞茶陵知州

沈第邢臺貢士崇禎七年知縣值兵荒清苦自甘一介不取有以一飯見餽者亦不受其廉潔至此

國朝郭琯沙河貢士順治二年知縣持身端正馭下嚴明人不敢干以私蒲人稱曰鐵耳陞徽州通判

王永祚奉天貢士九年知縣不私好惡不作威福恤民愛士至今懷思不忘

張之鳳華陰舉人十一年知縣敎紡績以惠民課文藝以造士恩威並濟去之日民不忍舍

吳運新　貴池進士康熙七年知縣誠以居心公以處事廉以持己仁以惠人以直忤當道降調蒲之士民如失慈母即婦人女子無不流涕去之日士民泣送百里不絕各私祠之

胡必蕃　孝感舉人十年知縣潔己愛民修學宮革雜派招流移修邑志俱有功于民社

朱元裕　嘉定進士十九年知縣學道愛人和平樂易詳免荒糧七百餘兩造就單寒士甚衆修學宮培風氣有功於蒲最多城鄉皆有祠祀之

蒲州

明徐政字以德大冶人洪武三年知州慈祥愷悌善于化民祀名宦

邵童酉和舉人八年同知奉公守法慈祥愛民累蒙旌異百姓頌美祀名宦

孫毅字致遠茌平舉人十一年知州草創之初建立公署

蕭士名溫縣舉人二十二年知州剏建譙樓修舉廢墜

王綍字景文秦安人初爲後軍都督府斷事再任常州府推官建文四年陞蒲州以廉平爲治郡民感戴

楊清青城人以蒲城知縣陞知州撫字勤勞吏民懷服

曹端字正夫其先曲沃人遷河南澠池縣九歲通忠孝經十六習經史諸子永樂六年鄉試第二授霍州學正以憂去十二年補蒲州學正倡明道學學者翕然向風又十二年報政至京蒲霍諸生爭上章乞端教育

吏部以霍州奏先至復補霍州端貌古而純氣清而粹性敏學真聞道絕蚕上接濂洛關閩之統下衍薛王陳胡之傳學者稱爲月川先生蒲霍皆立祠修祀天啓初謚靖修

李錫長安舉人永樂戊子解元授蒲州學正毅然以師道自居教人立身制行皆以身先之出門下者多成令器陞兵科歷官通政使

張廉字惟清長安人正統初判官績最陞知州以憂去職百姓伏闕懇留特命起復治事臨晉丞暨蒲民盧靜等以千金致餽拒不受毋課吏讀律教民以耕織爲先無牛種木綿者爲之勸借昭雪冤獄全活甚多修繕學宮舜廟河瀆神祠民不知擾務敷實惠不事虛聲致仕既久民懷感猶一日爲立祠肖像祀名宦

盧祥字仲和東莞人幼多技能年三十始習舉業正統間進士拜禮科給事中六年丁外憂起吏科論也先僭號之害劾大臣王文項文曜等奸惡爲人所畏憚尋以言事謫蒲州判官慷慨就任以下僚自處曰吾素

位而行也天順元年召爲禮科都給事中歷陞延撫延綏右僉都御史

徐孚字定之黄巖舉人景泰七年知州修葺學宫立鄉賢祠九載秩滿陞衡州知府

張琳上蔡舉人天順八年同知臨民處事平易公直利不爲動勢不能撓政績甚著

蔡晟字文輝睢州進士成化七年知州老成平易下民稱頌以憂去

許鵬字雲程山陽舉人二十三年知州政績優異重修學宫創建書院俱有碑記

胡昂字文謙真定進士弘治元年知州蒞政嚴明存心正大吏民悦服豪强斂迹去之日行李蕭然州人醵百金餽贐固辭不受抵家一貧如洗後出遊道經蒲士民歡悦如見父母攀留數日不忍捨去祀名宦

潘林新野人二年同知幹理公勤剖決精審卒于官民哭真久而不忘

王俊民石首進士正德十三年知州補偏救弊卓有成績

呂經字道夫寧州進士十三年以吏科都給事中左遷同知崇正黜邪政教兼舉建書院以造士抗內豎以衛民歷官都御史民思其德立祠河中書院祀名宦

張鵠上饒進士十五年知州爲政慈祥平易近民

華湘泰州進士嘉靖四年以光祿寺少卿左遷知州政尚嚴肅風清弊絕

賀鑑字本明祁州舉人七年教諭研精理學訓誨有方賑濟貧儒培養士氣去之日生徒餞送至數百里外歷官通判所至尤多惠政

楊儒魯興國州進士十年知州政尚寬和設館造士以憂去

陳崇慶字懋貞江陰進士十五年知州弛役寬農試課作士自守清介始終不渝歷官僉事有去思碑

李乘雲字子雨鈞州進士二十二年以御史左遷知州剛明果斷吏民畏懷陞本府歷參政

馮惟訥字汝言臨朐進士二十三年知州居官有惠政
見去思碑陞松江同知歷任僉事
陳應和字文詳歸安進士三十二年知州慈祥愷悌根
諸天性清介之操氷玉比潔時有依城社作姦
者悉寘於法陞員外郎去之日百姓攀轅泣送鐫碑記
德建祠時祀歷官布政使
邊像字莊甫任丘舉人三十六年知州簡重明惠先是
蒲地大震時知蒲縣奉檄蒞州安輯撫綏民忘其
變旋陞知州值凋敝之初生理未復乃殫力拯濟凡城
郭學舍廨宇橋梁次第修舉頓復舊觀至均戶役節煩
費厚賑恤修州志皆歷歷可紀州人頌戴如父母云
張佳胤字肖甫銅梁進士以禮部郎中謫陳州同知四
十一年陞知州時地震未久賦不時供委曲撫
循而法亦不廢工吟咏善書州之名勝題咏殆遍陞河
南僉事歷官兵部尚書謚襄憲祀名宦
吳一瀾號近泉南昌進士四十四年知州寬厚慈祥平
易親民四民樂業有古循吏風歷官布政使

宋訓號乾峯新蔡進士隆慶元年知州甃州城以甎創建鼓樓修復書院歷官通政司參議祀名宦

許希孟號淮江固始進士三年知州清廉戇直陞山西僉事歷官按察使

陳治典號龍墅東平舉人萬曆四年知州政簡刑清有古循良風陞廣信同知

胡峻德號克庵光州進士五年以御史左遷知州勤敏茂著風裁凛然陞南京戶部員外

何允升號晉吾杞縣進士七年知州氷玉之操一塵不染陞兵部員外

鄭文彬號三橋黄岡人遼陽籍恩貢九年陞潞安同知仍理知州事歷任九載周知民隱尊賢好士薄賦輕徭鋤宄革弊奸黨頓絶督修石堤阻障洪流至今賴之

郭元柱字直甫隆昌進士以雲南參政二十五年左遷知州精心牧御百姓便之見去思碑

勇慎號濟軒霸州舉人二十九年知州蒞任五載不輕言笑案無留牘刑政有關大紀者權勢不能奪

王堯民號大朴南鄭籍欒州進士三十三年知州正直剛方操守皦潔豪強屏跡吏胥懾服歷官參政

張羽翔號爰止龍遊舉人三十五年知州志尚潔清力却羨餘迥非常情可及

魏良槐三原舉人四十八年知州敬禮祀典虔置祭器士林稱之

白宗舜清澗舉人天啓元年知州蒲素多豪右宗舜一介不取禁絕干謁嚴華諸弊猾吏畏服

呉淑號召田丹徒進士三年知州器宇倜儻文采華麗居心愷惻處事剛斂

國朝林天擎號玉礎蓋州衛貢士順治二年知州時闖寇肆掠居民遠遁鄉冦乘機搶奪城中數百年居積蕩然一空天擎加意撫綏招集流亡貸役寬征適蒲兵來鎮差户部撥地安署天擎委曲調停不致兵民雜處處黎尚留悉其力也歷陞南贛巡撫

錢法裕號泰原遼東籍仁和人三年知州才敏心恕值虞逆倡亂被執而死贈參議賜祭葬

吳來亨字康侯，定邊衛舉人，六年學正。時姜瓖叛據大同，三晉震動，蒲境時有竊發，事平，奸人藉以羅織善類。來亨力請于當事，全活甚衆。平居與諸生切劘爲文章，勗以道義，多有成就。署榮河篆，以清惠聞。中乙未進士，授臨潁知縣。

馬翰如號伯顧，隴州舉人，十二年知州。悃愊無華，慈祥敷政，申免河崩灘地，豁除無地空糧，修舜祠、孔廟，勸民息訟，州人頌之。陞戶部員外。

許嗣興奉天廕生，康熙十一年知州。處事剛決，權勢斂迹。時吳逆寇蜀，大兵經過，供應有方，市民不擾。

吳瑾黃州進士，二十三年知州。才長力勤，胥吏不能欺。

柴應辰容城舉人，二十七年知州。洞達民情，刑寬政簡。

李六成寧陵進士，三十六年知州。審編公平，百姓頌之。陞刑部員外。

臨晉縣

明孟思顔籍未詳洪武四年訓導草創之初重修學校功不可泯

郭彧十一年知縣重修縣治民不知擾

石鄰阜城人永樂間教諭善於訓迪士類樂從後以子玉貴贈御史

毛鳳來西平進士成化間知縣冲年涖政民頗易之值甲辰大饑人相食乃盡發倉粟以賑又募富民出貸賴以存活者甚衆時盜賊蠭起乘機搶掠鳳來嚴禁四捕立磔諸市盜亦尋息

張安環縣人成化間知縣繼毛爲政時内荒雖脱力田無具流離者觀望不能歸且該年税糧催徵如故安極力申請獲免民德之以爲成化之饑前有毛後有張

劉洋上蔡舉人弘治九年知縣晉軍驕横洋嚴法懲治民咸賴之

丁守中字仲本慶陽舉人正德十六年知縣行政和平民德之邑學官湫隘守中大爲改作開拓空地東西四十步南北五十步規制宏敞迄今賴之又以王官谷表聖隱居宋元以來名公題詠蕭山巖屋壁恐日久磨滅乃裒詩文傳記都爲一帙號王官谷圖集終九年擢去

孫悋信陽舉人嘉靖十四年知縣美容儀清癯若不勝衣爲人愷悌慈祥民服其敎値歲旱齋戒步禱家人恐其羸憊止之弗聽時澍雨遍境內他邑則否人稱神異未幾卧疾百姓皆籲天求免卒之日宦橐蕭然

張舜臣章丘進士二十年知縣儀容修整言笑不苟勸勵學校躬自督課刊輯縣志足垂久遠擢吏部主事民立祠祀之累遷戶部尚書

李世藩臨城進士三十二年知縣値乙卯地震重修公署學校增建廨舍其績甚著

史邦直號正菴欒陵進士隆慶四年知縣莊嚴敏練凡事必定經制足垂永久吏雖黠不能售一奸數

微行利弊悉知行政井井有條節省歲以萬計邑有屯軍挾藩勢侮官虐民邦直發其奸咸凜凜就約束無敢踰尺寸者時共稱爲神君考滿量移西安府丞累遷僉事祀名宦

王毓陽　綏德州進士萬曆三年知縣自靜樂調劇臨晋邑自史令建有規制毓陽一切守之弗失有不便者但稍爲變通故能有史令之治而聲稱過之今祀名宦

趙岸　盩厔進士九年知縣善聽斷凡遇大事勘大獄不移時而決一時隣邑質成者甚衆值歲旱竭誠禱雨輒應尋以庶務盡瘁卒于官繼令王化上其狀祀名宦

吳崇禮　寧陽進士十五年知縣自蒲縣調劇臨晋所至皆仁心實政邑北坡一帶地廣人稀拋荒者衆崇禮置官莊具牛種召集流亡百姓愛之至今名其莊曰吳家莊任滿擢御史

高惟岡　神木進士二十六年知縣修舉廢墜自縣治學宫城垣一切聿新又於峨眉頂築文星臺下建

文昌閣以振起文風士論咸歸焉

閔自寅烏程舉人崇禎十三年知縣方正不畏權要不

愛功名力行其仁民之志屬海内大饑朝廷多

事中原流寇充斥窮民幾欲揭竿自寅蒿目時艱多方

補捄故民雖流離死亡而卒無怨叛者陞常州同知

應城進士康熙二十四年知縣禮士愛民重修

齊以治縣志

榮河縣

明施原洪武七年知縣兵革之後建立廨舍祀壇

馬復禮洪武初縣丞建置學宮廨廟

馬遜臨清監生成化二年知縣政多恤民修祠著績陞太原通判

高騰臨潁舉人弘治四年知縣修廢舉墜振作有方學宮廨宇復爲鼎新政平訟理民深懷焉

喬瓚慶陽監生正德間訓導訓誨有方士風丕振

張讓諸城進士嘉靖八年知縣操守氷潔與時不合浩然解組民遮道泣留後復官南太僕寺丞祀名宦

陳宏莒州監生嘉靖間教諭學優行端教勸士服

唐縮曲阜監生嘉靖間知縣振作有爲才足稱焉

張麟靈臺監生嘉靖間縣丞廉介自持終始不二人服其操

侯祁鄆城進士嘉靖三十五年自深澤縣調滎河承地震後經理籌畫選兵飭武禁暴安民一切營繕修復如制建大寧書院集師儒其中時親誨之陞兵部主事

楊守信高陵舉人嘉靖間教諭剛正不阿崇恥鄙浮捐俸鑄銅祭器有功祀典陞大寧縣

徐騰崇德舉人嘉靖間知縣興除有術不爲因循

趙以莊河内監生萬曆間縣丞催徵不擾有幹理才陞鎮原縣

曹倌望江舉人萬曆間知縣存心慈厚敷政和平旱輒夜禱露伏籲天民至今誦之

張應琿隴西歲貢萬曆間知縣久任積勞洞析民情人共安之

向上平利歲貢萬曆間縣丞清操雅度爲鄰尹中傷人共惜之

王立本 灤州歲貢萬曆間知縣持躬儉約事簡民安

梅煥 遵化舉人萬曆二十四年知縣政平民和修舉廢墜興起文教功尤偉焉

楊尚寬 良鄉選貢三十七年知縣寬厚撫民遇士以禮

毛墀 中牟舉人萬曆間教諭品清養粹歷擢昌通判

田有年 扶風舉人萬曆末知縣天性仁慈百姓愛戴

高之儁 阜城舉人天啓間知縣刻意圖治潔已愛民

倪秉誠 阜城舉人崇禎間知縣清介寬和實心實政士民懷之

陳萬化 閿縣歲貢崇禎間知縣刑清政簡閭閻帖然

曹自省 涇陽歲貢崇禎間知縣剔奸懲蠹治理聿新

李從繩　禹州舉人崇禎間知縣恬介自矢雅意作人

王心正　曲陽歲貢崇禎間知縣禦盜有方奇荒無饑民允稱良牧

張相漢　新泰歲貢崇禎間知縣剛方不阿

國朝黄家寀　靖邊所選貢順治四年知縣勞心撫字清操不染

張錫文　字康侯江都選貢十六年知縣滎民加協濟州驛馬匹每年費三千餘金錫文極力申請得免又應風陵渡弓兵十五名滎民苦之錫文請解工食銀免其應役百姓感之陞邠州知州

陳覲聖　字幼以武陵進士康熙二年知縣催科不擾井里晏然

李長庚　號宏庵奉天舉人十二年知縣綏徵比修邑志

猗氏縣

明楊仲榮　洪武三年縣丞重修公廨創立鋪舍

岳太初　六年知縣始建壇壝公署

郭慶　永樂四年知縣重修縣治

邊寧　唐縣儒士宣德十年訓導立教有方檢身寡過陞國子監助教歷臨洮知府

李眞　城武人正統七年縣丞以廉幹著陞高平知縣九載滿去民爲立祠祀之

徐善　景泰元年知縣修築城垣

左寅　沂州人天順六年知縣修葺文廟士林稱之

張經　涇陽人成化十三年知縣修理學宫兩廡社稷城隍壇廟僧道會司廢墜悉舉

王憲弘治元年知縣創建社倉

徐誼長山歲貢十一年知縣清慎才幹治邑有聲陞靈州民爲立碑祀名宦

馬綸神武衛舉人正德五年知縣執法剛毅無所曲庇而性仁厚不苛陞臨清州歷四川同知祀名宦

翟聰任縣舉人九年知縣廉以持躬勤以執事重修城垣儒學倉厫杜村景滑橋梁鋪舍百弛俱舉

齊君問偃師舉人嘉靖二十年知縣雅意右文以德讓風厲爲務公餘輙出郊遍履原隰規度頃畝差品平坡以爲徵課緩急豪猾無所容奸邑以大治被誣而去士民稱屈遂祀之

晋朝顯遼東人二十年縣丞攝縣事舊制東西兩驛相接突爲隣邑刁民扳告本縣協供夫馬朝顯力爭乃免又城矮增築數尺保障屹然可謂功在民社

邢綸南鄭舉人二十二年知縣宅心光皎布政慈和一介律己鍰金悉抵倉庾後值荒賑濟民免于饑尤

好賢樂士不事鉤鉅而豪猾潛消澆惡丕變吏安民樂五十年所稱善地侯之力也歷官柳州知府祀名宦

韓應春茌平舉人三十三年知縣重修縣治學宮城垣有惠政陞寧國通判河州知州

王三益朝邑舉人三十三年教諭勤課藝建射圃士風丕變

石繼芳益都舉人隆慶二年教諭資性勤恪動準繩墨精舉業始教士讀古且鑑衡精當引拔多知名士文運爲之鼎盛歷官兵備副使

張順治深澤恩貢萬曆二年縣丞敏惠有君子度任四年催科不擾民被其澤佐尹何允升時論擬以春蘭秋菊歷代藩左史

何允升號晉吾杞縣進士三年知縣時積弊相沿庶務叢脞允升殫心釐剔案無留牘惠善良以德威奸俠以刑挭庠序以禮繩豪貴以法論者謂其體備四時後知蒲州仍愛好邑人不替也陞兵部員外卒京師

遺俸止什金櫬不能具堂長疏于上給葬以歸祀名宦

鄭滋臨清舉人五年敎諭不受束脩捐俸以給貧窶之士陞榆社知縣

康惟時海豐歲貢九年訓導器宇端凝嘗有塵外想好咏歸去來辭後轉汝州學正即引歸當路勉留託假長往不返士論高之

賈一鶚霸州進士十年知縣重修學宫

楊春芳靈壽人十二年教諭坦率有長者風拜謁上官皆長揖慨然曰老青衿寧能向鄉里小兒折腰乎當路或苛禮春芳曰吾即去必不令諸生分咎也時論偉之

陳經濟號鴻吾禹州進士十三年知縣性澹泊沈毅力爲地方謀生養丙戌歲大饑先蒞土者無一年之積經濟借鏹上官並捐俸遍設粥廠活人無筭所攜銀帶一束折以糊口堂下槐角甚繁得豆數石與縣尉

均分裝之家人止日一飧婦子冬衣單薄雖交謫弗顧也逹官轄軒迂徑不入邑會邉儲告誳部使者嚴督繫經承吏經濟曰官實不才吏乎何尤乃奪索自繫使者駭去解州七郎堰護城堤也延二里州守請於上官起十縣夫築之經濟曰城堤非鹽堤可比柰何征役各縣乎弗應州守關提不已經濟詣解見守爭之破面乃罷至今七郎堰工猗無尺寸之汎經濟之力也其清操惠政蓋史册所罕見者祀名宦

張汝良　嵐縣歲貢十八年訓導教勤必實師範無忝壓鎮原教諭

李景登　廣寧衛進士二十年知縣才敏氣恬不以崖岸自異遇事則持大體邑北坡田磽稅逋景登請除荒地民多復業暇召諸生講課邑文風浸浸茂美實景登倡之陞漢中府知府南京吏部員外

袁道　商丘舉人二十年教諭學識沉洽威儀俊爽士貧富一視不齒束脩不施楚夏而誨諭諄切士習由之歸厚爲陞眞定教授

李存 寧陵歲貢二十三年知縣廉介不阿始立徵輸法每花名糧若干分限每限若干給一票共爲簿至限此票無票者繫之豪奸不得遁遁舉事不謀左右而摘伏如神蒞年餘輙掛冠去

郭九有 涇陽進士十四年知縣操嚴氷檗而發奸懲暴凜不可干時有慈母神君之譽所張縑蓋縷裂弗易嘗赴府參謁所過城市見共清道曰此爛傘郭君也皆引領瞻仰丁憂服闋再補猗令邑人鼓舞歡迎駢塡道路九有下車慰勞情意藹然膏澤視昔有加爲陞禮部主事

李徐察 昌平人三十五年主簿質直有雅操性復明達任六年絲粟未嘗取于民當路亟獎陞太谷丞

馬孔昭 諸城舉人三十七年知縣守嚴一介約法三章樂與民休息有近悅遠來之效末俗諂佞上官輶過下邑必倍陳供帳孔昭歎曰削百姓之腴博當事之懽是可忍乎乃出自奉者奉上官上官稔知其賢故不求多且揄揚之巡按御史蘇考最曰鷹鸇遠遁鴻雁來歸列之剡牘陞蔚州知州

徐大海寧夏選貢三十七年縣丞少年美丰姿署印能
戢胥役敦重儒雅有操守會長以貪聞長跪主
書駕于大海長嘯而歸士林高之

李啓仕邢臺人四十二年教諭署縣事嚴明整肅上下
稱服

黃光煒羅山舉人崇禎二年教諭溫文恭敬樂育英才
課藝畢則爲文酒會時彥歸之科第接踵起焉
陞吉州知州廉惠有聲甲申逆闖東渡將置僞官州民
保留光煒微服遁去莫知所往

王應訓永寧歲貢四年訓導淹博能文朴誠履素而磊
落不隨世態竟以直道忤當路擠去去之日犢
車襆被畧無愠色士林屈之立教思碑于櫺星門內

李昌齡咸寧舉人十年知縣立各村社鄉約以敦風化
親詣四鄉力田者賞荒蕪者責時旱災頻仍兼
以黃鼠害稼地多菅草蕪地萬頃竭誠祈禱霖雨時降
令搆訟有罪者罰捕黃鼠若干或罰鋤菅草若干不半

載悉爲良田流賊煽突軍需不繼當道有議加糧者昌
齡爲民請命繪圖告减文移十數反始獲免尋以失當
道意謫檢校起知沈丘遭誣下獄闖陷京城釋獄逼仕
昌齡堅卧不食死之

牟先苞南鄭舉人十三年知縣爲政無所依阿以清潔
自尚一聞罣吏議即掩門不出長嘯歸去士民
强之暫視事俟署交代終不從士論高之

國朝陳素抱鐵嶺生員順治三年知縣本經術爲吏治不
任刑罰而民戴之兵燹餘黎依若慈母初蒞
土有陳蠻子者脇衆爲亂或請剿之素抱曰愚賤而詐
衆必不附會見其自敗耳無何果爲鄉勇所殺人皆驚
服後壓潼關兵道猶人多受其庇己丑河東大亂秦督
孟喬芳奉旨征勦兵臨潼關將渡河素抱恐有俱焚
之禍踶自孟督曰河東難民爲賊所脇望王師不啻救
焚拯溺若玉石不分恐非朝廷安民之意即如猗氏固
某舊治百姓醇良紳衿和順詎有不奸犯上而好作亂
者乎猗無頑民某敢以全家保之反覆剖陳且言且泣

孟督惻然首肯而素抱終不釋念請以其子珮隨營審有指授旣渡可珮先馳至猗號召士民千餘人攜壺漿迎督師于境外孟督慰勞之曰汝猗皆良民何患乎下令前隊勿涉猗境時虞徇等聞孟督東下卽走據運城大兵合圍破之遂屠焉非素抱遠慮早圖則猗之人幾何不爲城門池魚哉功侔再造世世尸祝可也

萬應旂祁縣歲貢十年教諭丰儀偉秀德性沉潛修學官治祭器重建敬一亭以課士品藻甚精歷運司教授

王中興山東貢士十六年知縣植品清介爲文法所格半年解組遂出公署僦民居視棄官如脫屣不少繫戀邑人至今欽其品

趙德順德舉人康熙二十三年知縣廉勤自矢心慈而令嚴編審平允催科有法不煩敲朴而賦自登尤嚴于治盜訊實置之法不少縱又念賭爲盜源痛懲之遊手歛戢持身以禮尤喜奬拔人才以卓異陞鄧州

董筆平定州拔貢康熙間訓導接士有禮不責束脩捐俸修啓聖祠重置祭器新儒先神主葺完廡閣門檻不惜勞費爲人倜儻有直氣敦情文酒淡然聲利之外陞蒲城縣丞

萬泉縣

明汪德　洪武初知縣重修祀壇縣治公館鋪舍祀名宦

徐新　黄巖人建文二年典史明年中山西鄉試

何福全　鳳翔吏員宣德間縣丞爲勸農官省耕耘察紡績雖衝風冐雨未嘗有倦且斂散有法民賴以無歉夜有二姑紡者一出内問曰天晴乎曰晴如何爺爺民至今稱之歷陞叅政祀名宦

崔明　北直新城舉人成化間知縣立心慈惠莅政精明興學育材鋤奸剔蠹其異績有蝴蝶訴寃狼償孩命鴉喙螟虫諸事士民立有五奇之碑祀名宦

章溥　山東人弘治間知縣博學弘才操行廉潔

彭檜　平凉貢士弘治間知縣持身廉謹吏民敬畏撫字流亡見重當道調稷山

范仲芳　綏德州監生弘治間縣丞服官三載以清苦自厲丁憂去

張席珍　長由人正德間知縣才幹有爲見推當代

李節　洛川監生正德間縣丞秉性剛直苞苴不行禱雨有應

陳鋭　河間監生正德間縣丞明法省刑才能頗著

劉淮　蘭州歲貢正德間訓導秉性剛直教人不倦

李鳳　隴西人正德間典史明于法律諳于民情邑人士多德之

王大節　大名府舉人嘉靖元年知縣蒞政嚴明豪強屏跡吏畏民懷縣西門外有土橋年久傾頹人皆病涉大節規畫修建悉易以石因名承利橋西又有承安橋大節亦以餘力修築至今便之祀名宦

王懋　咸寧進士六年以御史謫本縣典史刑清訟理民懷其惠暇以經學授士民艱于水懋于崇德坊街

北鑿池蓄水以便民樹坊曰王公惠民池民至今德之

陞長垣知縣歷懷慶知府祀名宦

王欽安定監生嘉靖間知縣事繼母以孝聞鋤強抑惡有聲三晉邑人記其嘉績畫十二圖將內召以疾告歸

李廷棟淶水舉人隆慶三年知縣剛毅有爲誠心愛下興學校正風俗均稅糧革驛馬惠民之政難更僕數其最大者修古城以復薛通之舊使敵騎難驅金湯永固祀名宦

符嘉訓內鄉選貢萬曆十三年知縣重纂縣志大修文廟一切制度煥然改觀

蘭桂扶風舉人萬曆間知縣政持大體雅意作人

呼延楫宜川選貢三十六年知縣三十九年忽同子百餘騎突至縣城楫督民壯捕之賊遁去

范文源定興選貢四十五年知縣冰檗自凜毅然有爲拓背城以固疆圉平街道以利往來尤精擇形

勝建文昌廟於北門外復于東北建臺以護之人稱范
公臺陞永平同知工部郎中祀名宦
劉鼎卿定平舉人天啓初知縣風裁絕倫文筆遒健調
太平陞戶部主事
許倜高陽舉人崇禎初知縣潔已惠民澄清諸務調夏
縣百姓攀轅絡繹百里陞嵐州同知祀名宦
張斗溫縣選貢崇禎間知縣賦性嚴肅才能過人過流
寇侵境禦侮有方設立防衛之資縣境恃以無虞
民多感之調趙城陞大同同知兵備僉事祀名宦

朱率錞寧夏人崇禎末以宗室授知縣精明果斷未竟
厥施而去
國朝王堦拔縣舉人順治十二年知縣清釐錢糧積弊奸
猾不得侵漁安邑告協泓芝驛馬極力排革其
功最偉行取御史廵鹽河東

鄭章閩縣進士十七年知縣撫字心慇到任即革官錢
雜費等項歲省民銀六千餘兩學官領地已久章

毅然新之且修建城樓立市通商皆實惠之在民者陞定州同知

丘國卜 睢寧進士康熙十一年知縣薄于自奉厚以待人創設義學按月課士而外分俸以給寒士時稱慈惠之師歷官湖廣提學僉事

陳見智 曲阜進士十四年知縣清白之操五載有如一日扶掖人才凡士子以文事質正者藹然如家人父子而撫恤百姓尤以無事處事歷官金華知府

丁珩 宿州貢監十九年知縣慈以撫衆嚴以馭下值軍需告急不差一役下鄉追呼之擾弗聞審編戶口逃故替代任民自便闔邑感之累官漢興僉事

河津縣

明王汝霖湖口進士洪武間知縣威惠並行政事修舉民服其化祀名宦

韋穎上饒舉人宣德四年教諭規矩整嚴勸修義學

李孜涇陽人宣德時教諭學規嚴謹訓廸有方

陳俊盁都人宣德間教諭作人不倦教士有方遣子從學薛文清公後登進士

黃諒湖廣人正統六年縣丞催科有法佐理甚勤

孫惟謙順天舉人正統間教諭誘掖盡心朝夕不怠

趙愷清水人天順七年知縣愛民如子號稱長者

劉晃邠州監生成化間縣丞廉介而勤兼有才幹民多思之

劉永昌東萊人弘治間知縣平易近民政多遺愛

符珏新喻舉人弘治四年教諭賦性剛毅文理優長

晁讓東阿舉人正德三年知縣廉介無私守正不屈祀名宦

王諤西安進士正德間知縣剛直不屈處斷無滯繕完城郭改建學校務存大體人多思慕陞主事歷官兗州知府祀名宦

王喆靈壽貢生正德八年教諭篤學輕利模範秩然士林崇之祀名宦

程勉學寶鷄人正德間知縣才識英敏邑無滯訟歷官長史

郭世祿內黃舉人嘉靖五年知縣心實慈良政多簡易陞商州知州

焦廷節華州貢士五年教諭勤慎訓廸一載教行祀名宦

樊得仁朝邑舉人十一年知縣後行取御史邑地有瘠薄者糧爲民累得仁在臺中因民具奏力贊蠲輕至今沾惠

陳大策登封監生十五年知縣平易近民廉介自勵

周隆山東人十五年典史小心供職好讀儒學

方宗固原貢士二十四年訓導持巳清白訓廸有方

雍焯臨洮舉人二十五年知縣職勵清勤猷爲縝密陞監察御史

封愷慶陽人二十九年典史爲人朴誠追盜奮勇爭先克盡其職

孫尙志劍州貢士二十九年訓導存心忠厚動作端莊

高文學寶坻選貢三十年知縣端嚴無私清勤有幹陞通判

楊一蘭 三十八年主簿才資恂愨與人有禮

李貞 鳳翔舉人四十一年敎諭學問優長規模莊雅寬嚴並濟多士樂從

李成棟 湖廣清浪衛舉人四十五年知縣廉介不私忠實無僞增高城垣一新公署陞莊浪通判後任

象州

孟養氣 定陶選貢隆慶元年訓導學問純正器宇溫和多士景服

劉紹宗 長山貢士三年敎諭持身端嚴教人有體

張汝乾 洛南貢士四年知縣甃城疏池築堤堰修水利均里甲正赤歷公審編創文社崇正學餙祠宇愛民如子治邑若家修輯縣志

劉希孟 安丘進士萬曆四年知縣捐俸修理公廨優崇學校勤恤小民陞吏部主事

閻廷梓　項城舉人八年知縣清丈地畝㵼泒糧石至今民受其福陞知州

卜自用　盐都舉人十二年知縣舊例春宴鄉飲等費出里甲自用革之令該吏領綱銀自辦調翼城

張紹文　居庸舉人十四年知縣捐俸修理公署

杜桐　冠縣選貢十七年知縣城垣西南隅傾圮十餘丈給銀募夫修理完固調孟津

張洪　順天舉人十九年知縣弭盜民安率屬有體

張崇儒　巴縣舉人二十二年知縣仁厚寬和民犯重刑長嘆流涕後被論去民爲立生祠

崔講　山東新城舉人二十七年知縣見南里地多荒蕪捐俸買牛給耕者

白鋥　南和舉人三十三年知縣修遮馬峪清泉灌于閻等里民田至今水利疏通陞本府同知

王世芳　成安舉人四十六年知縣簡訟勤政愛民若子陞慶府審理

孫延洞　萊陽進士泰昌元年知縣設建新倉積穀備賑重修文廟調臨汾

智鋌　元氏舉人天啓二年知縣設義塚數處以便貧民之葬者行取御史

馬文炷　項城舉人五年知縣清廉仁厚士民依若慈母秉性耿直未幾被論去闔縣哭留不得去之日卧轍攀轅車摧不獲前文炷亦喜曰士民如此無官愈於有官矣民思慕不已爲塑像河汾廟

邊之靖　封丘進士七年知縣修橋梁賑貧民勤講學重六訓修補文清廟陞兵部主事

李節亨　仁和恩貢七年訓導文譽斐然更熟兵畧防禦流冦有方又贊修文廟

郭景昌　雒陽進士崇禎二年知縣值流冦犯村鎮修建敵樓十餘座修文廟並三賢祠申請薛文清祠置奉祀一人兼以門人配享又倡修聞喜裴趙二公祠以河灘籽粒抵補稅銀免泒民間

趙九德　衛輝歲貢四年教諭敦朴崇實以博雅見重士林捐貲倡修文廟

王國丞陽城歲貢四年訓導謹篤耿介捐貲修補啓聖祠並文廟

李士焜任丘進士七年知縣禦寇有方勸諭紳民出貲以磚石甃城至今賴之行取刑科給事中

許宸內鄉進士十四年知縣歲值洊饑斗米二金宸申請蠲賑民賴以活未幾憂去

劉逵滱縣進士十五年知縣和平樂易飲人以醇考課諸生尤精鑒別

劉芳久貴州舉人十七年知縣下車即謁薛文清公祠曰吾輩豈不敬聖賢哉月會諸生課文其中居官清勤陞知涿州

國朝孟泰遼東貢士順治六年知縣長于騎射靖變有功陞歸州知州

王應泰臨穎貢士十年知縣寬平明斷地方賴其休養以憂去

賈士遴大興貢士十三年知縣居心平恕蒞事安詳一時便之陞邳州知州

崔鳴鷟　內丘進士康熙八年知縣清正勤敏愛民猶子修理廢墜不費民錢丁艱去士民思慕

馬光遠　山東大嵩衛進士十年知縣興利剔弊整施有序編審公明甚得民譽冬月過葫蘆灘見民艱涉即捐俸建橋往來德之

吳寶林　浙江石門貢生三十七年知縣以廉潔自矢事簡民安雅意作人一時文風丕變

解州

明洪範　洪武四年知州廨宇廟學皆所創建

史弼　河間人洪武間知州勤愼愛民秩滿士民挽留遂家焉後裔史臣史篆相繼登科至今書香不絕

魯執中　八年知州重修州治

余尹瞻　十五年州判重修文廟繪羣賢像造祭器又創建鐘樓有碑

吳惠　字澤民浮梁進士正統七年知州御衆以寬接下以禮常貸錢於民收息以完州租又夜察民間紡織聲以示懲勸貧不能婚者爲備禮完娶重修學廟不勞民不傷財又嘗奏復開解鹽蕩爲當道者沮欲因朝覲面奏卒京邸民聞之巷哭圖像祀之入名宦

薛良　和州舉人正統間學正嚴學規肅模範生徒勤業文風丕變

張寧　字永安夏邑舉人成化五年知州修廢補墜政平訟理廉介自持吏民畏服九載如一日

任福　耀州舉人弘治二年知州性寬厚作事有則得牧民體因大荒後嘗奏減徭役民多懷之

郭錡　南鄭舉人三年學正嚴立矩範勤於講解人才蔚起後之言善教者必歸焉

曾政　大興舉人弘治間訓導講解精詳始終不倦人材益盛

李序　光山舉人六年訓導質朴而教勤

田奉璋　深州舉人九年訓導志尚高邁勤于教誨

李溥　字宗大定州進士九年知州以禮自持嚴而能容人皆畏敬奸頑屏跡秩滿陞南部員外

趙忠　錦衣衛舉人十三年知州平易不事虛華

李昆　字承裕高密進士正德二年以兵部郎中左遷知州公廉禮下政平訟理盜息民安尤長於詩

李文敏字惟聰汲縣舉人四年知州剛明疾惡奸頑懾迹修舉廢墜城池皆重爲築濬上下稱能

林元叙正德間知州秉心正直履行光明剖决如流施敎不倦督修州志考正祀典俱有功焉

吕柟高陵人戊辰殿試第一翰林修撰正德甲申奉修省詔以十三事上忤旨下獄謫本州州判以敎養爲己任恤煢减役勸課農桑婚祭以時鄉約有要蒙訓有稽諭俗有文一時士習民風蒸然丕變又築堤以護鹽池開渠以與水利建解梁書院以處學者纂修州志以定經制善政犁然轉南吏部郎中歷侍郎贈禮部尚書謚文簡州人立祠祀之

魏養蒙洛陽進士萬曆十六年知州凡八年清嚴峻潔人莫敢犯與蒲解諸屬縣分修護池堰工五龍堰最要害蒲人闒得之繼欲翻案養蒙力爭竟坐於蒲立有遺碑迄今人服其公

徐文煒溧水舉人天啓間知州古執清簡一塵不染蒲人倚勢欲翻五龍堰工前案文煒執案詣鹽使

者面爭之寧棄官不肯貽害州人歷任去時質衣物爲資斧

王冶薊州舉人崇禎七年知州清正近古養馬官廠自冶始實心實政至今推爲良牧

閻堯年隆平選貢崇禎間知州公正廉明民懷其惠累官至苑馬卿祀名宦

國朝鄒藴賢奉天貢士順治十年知州安靜有守民以不擾時寇亂初定凋傷未復賴其休養陞蘇州知府人感其德立祠祀之

江闓貴州解元康熙三十一年知州學博才優政得民心

安邑縣

明白威　新野舉人建文時教諭建白民情皆允行之永樂間陞知本縣以政績著擢御史祀名宦

蘇洪　南陽進士永樂十九年知縣以公勤仁恕見稱祀名宦

楊磬　靈臺舉人天順六年知縣居官廉潔

竇祥　華縣進士成化十八年知縣勤于任事歲歉賑濟有方擢御史

朱智　滎澤進士弘治五年知縣教養兼舉民多感之有德政碑

李鑾　東阿舉人十二年知縣公正廉明剗除積弊卒于官民哭之哀祀名宦

霍恩　易州進士正德二年知縣才識越衆政教清肅士民悅服以憂去繼任上蔡遇流賊攻城抗敵不克夫婦死之罵不絕口贈光祿少卿命有司立廟本縣祀名宦

解晃巴縣進士正德間知縣以愛民爲心清操氷節有古循良風擢御史去後人稱慕之

魏瓚涇陽舉人八年知縣利與害除有造于邑

張邦敷乾州進士正德間知縣政清訟理吏懾民懷

郭世祿內黄貢士嘉靖五年知縣嚴以懲奸和以奬善

劉汀南宫進士二十年知縣政尚嚴峭時當路有爲年家報復逮其讐父子斃于獄更欲及其幼孫汀曰無故滅門于心安忍密防不遺其人竟獲免繪像歲祀焉有去思碑

劉儒中部舉人嘉靖間知縣慈祥勤職省刑寛賦去後人思之

傅希摯衡水進士三十七年知縣敦厚莊雅望之知爲君子潔已慈民時督糧上官按部催逋賦甚急希摯委曲求緩民賴之陞户部主事累官兵部尚書有去思碑

朱擢 渭南進士四十二年知縣紀綱整肅人不敢干以私

錢楷 冠縣進士四十四年知縣才識精明政聲懋著後令劉希孟嘗問邑紳王命曰傳朱錢三君孰優荅曰傳仁而廉朱嚴而明錢明而敏僉以爲確

袁弘德 曲周進士隆慶四年知縣其才敏練修葺城垣公署均糧移渠迄今人猶道之

劉希孟 安丘進士六年知縣清介自持一塵不染徵賦有羨郎抵正額剛介不阿上司每有取索不應嘗揭聯于壁云誰毀誰譽三代直道寄之民民不可欺須當勿欺于心勿欺于事自責自修一切官箴求之已已無所愧又何有愧乎天有愧乎人遐邇皆指目之曰是能不侵下不奉上者以此上多不悅然卒不能抑竟擢吏部主事官至通政使

張建 常州人隆慶間典史臨事有調度事集而衆悅

麻耘　河内人萬曆間縣丞遇劇不亂僉稱其才有益于邑

賈名儒　眞定進士十四年知縣才識敏决凡投牒者對面批發案無滯牘歲值大祲有拯濟功擢御史

王一之　肅寧進士二十一年知縣精明嚴毅刑不少假奸猾斂跡四鄉無胥役之擾良善獲安

胡璉　汧陽選貢萬曆間縣丞事母能养母不懌輒長跪不敢起陞彭溪縣

吳愈　汝陽進士三十一年知縣平易近民民德之蘇息馬戶尤快人意陞戶部主事有生祠

閻廷梧　項城人萬曆間主簿清慎不親詞訟凡奉批詞罰紙數張行文申上而已

邢其任　臨清進士三十六年知縣值歲歉單騎延行粥厰寧以逋賦稽其考績不忍催科擢戶部主事

劉弘化　長沙衛進士四十一年知縣才局明爽爰書不假左右猾胥豪勢不敢逞零限催徵民無逋賦番編加意剔蠹力任衆怨心事皎然行取去後民乃思之

劉岑萊陽貢士萬曆間縣丞清苦自勵無曲腸無飾辭陞新河知縣

來同三原監生萬曆間主簿操履不染峻拒干請不阿權勢陞洛陽縣丞

劉進第隴西人萬曆間教諭廉介長厚多士景仰

王可立河間歲貢萬曆間訓導以母老致仕歸養其孝足宗

蔡勳澤州歲貢萬曆間訓導博覽羣書人咸重之

耿啓東鹿進士四十四年知縣創修縣志有不朽功

李可觀榆社歲貢四十八年訓導寬厚溫恭無忝師範

王楫泰安州進士天啓元年自栢城調繁本縣清操加水玫尚仁慈邑人戴之建生祠二陞戶部主事官至巡撫

曹麟趾　汶上舉人二年知縣精敏振刷力懲刁風豪猾
憚其嚴明士類樂其敎育

何達海　沁水歲貢七年訓導高品盛德待士和平

楊植　蘄州貢士崇禎四年縣丞博學工詩風雅可稱陞
靈山衛經歷貧不能赴任廉可知矣

房之屏　定平舉人十五年知縣流寇陷城北面拜闕入
署拜母命子女各自盡身投井死有殉節碑記

祀名宦

國朝韓逢暘　雄縣舉人順治二年知縣初下車慨然以澄
清諸務興復舊典爲己任民多思之

劉禮典　東阿恩貢三年知縣實心實政厚重少文

李田黄　黎城舉人九年敎諭修理學宮課士有方陞安
平知縣官至工部主事

王秉樞　良鄉恩貢十一年知縣誠實清愼人服其公

夏縣

明張謙山東臨朐人邃於理學元名儒歸暘流寓夏縣謙素傾慕洪武初來夏就之以薦授儒學教諭諸士子雲集座下卒葬於此弟子慕其道義如哭私親

閻育會稽人洪武四年以禮部員外郎改知本縣以循良著績

王翰前令仲文子家于夏洪武初以經明行修辟爲本學訓導性方正不隨俗俯仰以古聖賢爲師法改平陸後爲周府教授

劉珪興平監生永樂二年知縣廉能懋著明于大體不矜苛細吏畏而民懷之擢刑部員外歷山東參議

雷零商縣舉人十六年訓導勤于講授多士樂從

王珪泰安州舉人宣德間教諭博涉五經嚴毅方正時邑人多不務學珪造就有方寒暑不倦由是科目

相繼鄰封之士亦各勸於學

雷縉同州舉人正統七年知縣量貧富均徭役墾荒田濬水利凡有興作不勞而事集嘗召父老子弟勉以孝弟勤儉一意慈祥民懷之祀名宦

陳潤臨安進士成化十八年知縣公廉勤慎

張銳澠池人成化間主簿平易近民人多感之

姜洪廣德州進士弘治二年以御史謫知本縣政治嚴明變士風之驕悍而導以禮躬修節約民當甲者不費一錢官至本省廵撫夏人立祠與雷縉合祀謂姜爲嚴父雷爲慈母云

馮顯滎澤人弘治間教諭以易學授生徒邑之易學始盛

楊樞臨潼舉人正德六年知縣政尚廉察胥吏憚服陞御史終四川僉事

高福順天舉人十二年以汾西調本縣嚴而不刻簡而有體邑民立去思碑

馬弼江夏人正德間訓導躬修而教勤至今猶談其美

楊宜衡水進士嘉靖二年知縣蒞任五旬櫛弊鋤奸威惠大孚尋以母憂去士民遮道泣送後歷官侍郎

吉顯東長安舉人六年以永和調本縣歲饑嚴捕盜賊民賴以安

王齊洛陽歲貢嘉靖間教諭師範謹嚴課士有方

鍾昶南陽舉人八年知縣政明人和興學禮士建敬一亭啓聖祠示我周行堂葺儀門修復獨樂園拔荒有術重修縣志陞南京工部主事

朱世祿朔邑歲貢嘉靖間教諭存心正大待士有恩

薛玉林應天歲貢嘉靖間訓導學識宏博尤長于詩陞山東教諭

徐祚　宣城進士十六年知縣下車節用愛民興利除害民躍然喜若更生擢御史

黄棟　湯陰舉人十七年知縣廉勤公謹始終弗渝歷官平凉知府以廉名爲天下第一

張世威　渭南人嘉靖間縣丞循循雅量有儒者風精于律學事多平反陞岢嵐衛經歷邑人立石思之

李全　内江進士二十一年知縣政平訟理案無留牘歷官山西參議

岳粹　冠縣進士二十七年知縣眞心實政節己愛民陞户部主事

唐文學　福山歲貢嘉靖間訓導清介有學多士歸心陞芮城教諭歷深澤知縣

沈珵　德清進士三十二年知縣積學有文名朔望詣學宫諸生執經問難剖析義理應答如流遇士夫有禮蒞政嚴明狷介吏民畏服入覲僅行李一擔有娶婦新娶者臺使者旌曰孝烈珵力爭正之又議建藩於解珵爭之曰鹽課乃國家大賦若以剪桐恐因遂有侵牟不便事遂止其持大義如此祀名宦

王言大衛輝舉人四十年知縣政平訟簡事舉民安建
惠民樓補修學舍改建温公書院陞保定通判
岳相壽光進士四十二年自武進縣調知本縣不雇䌨
獨不畏權貴蒞政三月以母憂去扶櫬千里步歸
以孝稱歷官光禄少卿
石繼節益都舉人嘉靖間教諭學行兼優師道振飭陞
壽陽縣終南陽同知
邢宗道涇陽吏員嘉靖間縣丞持己能廉催科不擾既
去邑人立石思之
季遐齡夏津舉人四十二年知縣才識諳練吏民畏服
節省財力與民休息人尤德之陞太原同知累
陞山西參議
李溥定州進士四十五年知縣政平訟簡用省民安陞
戶部主事歷官陝西副使
趙金東鹿人嘉靖間主簿平易近民優于政事陞經歷

王世榮義州衛歲貢隆慶間教諭賦性狷介卒于官士哀之有如哭其私親者

陳世寶鉅鹿舉人隆慶五年知縣政知大體愷悌愛人修舉廢墜先是儒學門西向入門見山科不乏人自成化間改移東向科目寖乏世寶築明倫堂建尊經閣改門仍復西向自是科第不絶縣西三十里牛家凹去四鄉曠遠爲萑苻藪世寶捌築城堡招集流移給以牛種半年成聚盗賊屏息當道者名爲喜安庄百姓私識曰陳家庄立祠祀之後陞御史

楊溢臨潼舉人萬曆三年知縣廉勤信果不苟然諾有古人風政事井井有條狷介不容于時識者惜焉

孫養黙鄒平舉人九年知縣慈祥愷悌學有淵源工詩文所著有夏臺小稿陞衛輝同知

王依仁南樂歲貢萬曆間教諭持已狷介勤于訓廸士咸稱焉

向英芝黔陽選貢萬曆間縣丞文學優長詳于吏事

柳佐臨清州進士十五年知縣才識高明政體諳練邑號多訟剖决如流三月後訟簡刑清民賴以安政教兼舉恩威並著期年謂曲沃

葛棍高淳人萬曆間典史忠信儒雅

劉桐膚施歲貢萬曆間教諭樂易多能博洽好古

高奎清苑舉人前戸部尚書燿之子十七年知縣留心政體加意民瘼時有宄徒結黨起滅詞訟爲邑大蠹奎皆繩之以法斃于獄人咸稱快又重修縣志興舉廢墜增築牛家凹堡招復流移改建南城樓修築白沙堰以防水患陞涇州歷鄖陽知府

董洪鄒縣吏員萬曆間典史心地平坦操持清潔

楊橋岷州衛歲貢萬曆間教諭立心長厚待士有恩

王邦靖祥符舉人二十一年知縣賦性端方理事明爽盡革從前隱匿賦役之弊

顧可大清河監生萬曆間縣丞操守清潔制行狷介以子爾行中甲午科乞致仕云

李汝禎懷安衛選貢二十三年以盩厔丞陞知本縣練達政務剔蠧鋤奸

張籲陽曲歲貢萬曆間教諭博學好古訓廸多士不忝師模

周璧歷城舉人萬曆間教諭清風介節可方古人陞交城知縣

韓薰陝西洋縣歲貢二十六年知縣賦性豪邁不爲權貴所屈

王寵寧羌州歲貢萬曆間主簿政務通敏約己愛民

許爾忠井陘舉人萬曆間教諭簡默自持寬洪待士居家孝友多士信服下帷讀書寒暑不輟不爐不扇尤人所難陞朔州知州

袁應春鳳翔舉人二十八年以蠶石調知本縣丰姿英敏談吐風生甫履任諭地方利病興革之宜如所素覩邑之奸頑梗法者皆潛竄異境太監張忠奉命開鑛威福大作令長皆長跪白事應春獨抗禮曰公雖貴內侍也令雖卑臣子也無庭叅理忠大怒劾之降永寧衛經歷天啓改元以薦起刑部主事至員外

石德贊介陝西華陰選貢萬曆間縣丞操守清白立心耿介

賈熙載鷄澤舉人萬曆間以白水縣起復知本縣心地和平政務詳慎

呉士魁黄岡人萬曆間主簿廉潔有守

姜承德海門選貢三十年知縣建東西城樓凡儒生幼而慧貧而窘者皆訓廸賑助務底于有成

李堯臣高平歲貢萬曆間訓導學問淵深操修廉潔舉動不苟訓廸克勤廣文中之可宗者也

邢希曾平遥歲貢萬曆間訓導平易近人不設城府從遊者如坐春風

程登龍　江夏舉人天啓間知縣重修文廟翰墨充棟

牟希古　滩縣吏員崇禎間典史弭盜有功治民不擾

許倜　高陽舉人崇禎間知縣濬築城池調兵勦寇

袁葵　東明進士崇禎間知縣才優政美恩浹士民慮周城社尋調洪洞祀名宦

邊維隆　任丘舉人崇禎間知縣蒞政有體於民不擾

楊雲梯　郃陽舉人崇禎間知縣時值奇荒骨肉相食勸富人捐米煮粥全活者甚衆

國朝劉之屏　萬全衛進士順治四年知縣守城被難

遲日巽　廣寧貢士順治七年知縣值兵燹後勦除餘孽撫恤殘黎歷年百姓逋欠悉請蠲免又按經制本縣水頭鎮從無牛馬站被別驛誣板控憲日巽援舊規力辯獲免闔邑戴德尋以卓異擢御史

鄭四端陳留進士順治十三年知縣居官清慎寬以待民嚴以御吏邑人無不畏服

丘宗文奉天貢士十六年知縣平易近民才能明敏

羅于廷閬中舉人康熙元年知縣修理鼓樓四城門并文廟祭器

劉壯國潁州進士五年知縣修建衙舍

聞喜縣

明張同文洪武十二年知縣重修學宫

陰曄容城人十九年知縣以廉幹稱

侯琳山陽人正統間知縣重修文廟

余俊平凉舉人正統間歷任介休聞喜教諭教法俱有成效

潘玉安丘人天順間縣丞守已愛民人多稱之

高崗邠州人天順間主簿自乞致仕送者如歸市

陳紀河南人天順間典史有廉名

蕭英陝州舉人成化間教諭教條嚴肅士子稱善

張詢字信卿延安衛人持身清介篤信好學動以古人爲法授徒幾百人成化間以監生任本縣丞嘗解餉抵延綏總兵官詢鄉人也爲留羨餘金以遺之詢還貯之縣庫上其事于府後致仕歸貧不能自存詢處之泰然以壽終

寇恕字道用中部舉人成化間教諭教人有方士多從之歷綿竹知縣

楊澤河間進士弘治間知縣居官廉潔以農桑學校爲首務條理精詳夙弊盡革祀名宦

吳璇高唐舉人十三年知縣首建文廟兩廡易櫺星門以石興利除害聲稱藉甚祀名宦

劉廷燧寧州舉人弘治間訓導學行優長條約嚴肅

李時涿州進士正德間知縣先任長安以忤劉瑾擯斥後起任本縣傑流寇談笑折衝庶幾能捍大患者與仕終不達蓋傷於直遂云祀名宦

王琳安丘舉人十一年知縣廉以律己嚴以臨民吏卒無所容奸豪強爲之斂跡補葺學宫重修邑志祀名宦

王紳涇州舉人正德間致諭勸士勉學修補縣志

張問行内黄進士嘉靖元年知縣咨利弊正風俗戒奢靡立品節勸農桑給牛種作養人才平息詞訟與物無忤雖婦人女子見之不異家人以才幹稱同李閶有三侯德政碑生祠陞監察御史

李朝綱武功舉人五年知縣清介無欲執法不撓善賑饑勤撫循自奉甚薄嘗汗污布被醫人請易之不聽祀名宦

閻倬隴州進士八年知縣時當荒歉賑哺多方全活者衆裁革候馬貼役傳授春秋經傳三人咸登科第蔬食練服卒成恭儉之化祀名宦

史載德任丘進士二十八年知縣威重嚴明賑濟荒懲讒橫除協夫設館餐修學舍舉月課明敎條善政多端專祠今廢祀邑壘祠

郭東藩金鄉進士嘉靖間知縣有去思碑

羅田光山進士十九年知縣平心御物節用愛人民甚宜之祀名宦

李復聘盩厔進士四十年知縣律已嚴峻接物溫和公無滯獄野無困民長才大畧百廢俱興凡城池公署廟祀坊表省所營繕毫不動民適三時不雨二麥枯槁復聘刺股薦血爲文告於城隍廟告畢不歸衙宇依墻而哭其夜雷雨大作四野沾足二麥成熟衆神異之陞御史爲關中六君子之一祀邑壘六名宦之一

馬三樂陽信進士四十年知縣勸完逋稅力毀淫祠積粟賑饑加意作人士服其敎陞御史祀名宦

張琴雞澤人嘉靖間自翼城調本縣丞清苦自甘廉謹著聞陞太原府經歷行李蕭條

馬文　朝邑人隆慶初敎諭忠厚廉靜不苛束脩卒于官士共惜之

文作　涪州進士隆慶二年知縣清苦異常敬慎不怠洞悉民隱人不敢干以私陞兵部主事父老子弟哭送與史任丘李盩厔王新城申靈壽喬孟津同祠祀之

王象乾　號霽宇新城進士五年知縣英年敏練尤敦大體催科有法聽斷如神修文廟改闢學路於學旁建董澤書院祀趙忠簡刻歐陽玹虞集二記於石建寅賓館護城堤長二里石砌之一夫運石傷足命醫理治傷牛者照值償之間郎課士論文闢南鄉及白土水渠至今稱爲王公渠後官至薊遼宣大總督祀名宦

申田　靈壽進士萬曆十八年知縣人品奇古心事光明嚴禁衙役公門肅清胥吏有進羨餘者指戒石語以矢之布袍蔬食儉約自甘有匹馬清風之謡父老相傳從來第一好官

喬允升　孟津進士二十二年知縣長才雅量有政聲因錢糧合戶催徵奸民每多拖累乃設門簿至今

遷行調榆次歷官刑部尚書

徐明　岐山進士二十四年知縣有去思碑

雷復豫　高陵選貢三十三年知縣有遺愛祠去思碑

楊作楫　字蓼符蓬溪進士三十六年知縣以才調襄陵有去思碑

周鳴泰　商州舉人三十八年知縣清而不苛禁革火耗勸民完逋稅息爭訟立月課取名士甲乙之民有乏耕具者女有乏紡車者官給之以疾卒士民痛惜有遺愛碑

時化　濰縣舉人萬曆間知縣廉介敏練剛正無私興利除弊事事求爲可久申華力銀貽惠無窮執法不撓不爲權勢所喜遂解綬歸百姓攀號歷久猶思念之

苗思順　寧陵進士天啓間知縣有威稜善聽斷案無積牘

張守約三原舉人天啓間知縣居官半載不事鞭朴民樂輸納

張耀三原舉人天啓間知縣鎮靜有度陞兵馬司民爲建遺愛祠歷官雲南兵備全家殉難

余三聘江西人天啓間縣丞廉讓有守度重士宜民

李夢麒渭南舉人天啓間教諭秉禮程士無遽言惰容不愧師表

劉芳久平溪舉人崇禎間知縣聰察有才百姓德之有生祠

國朝鄭奕垣河源進士順治十年知縣悃愊無華愛民若子以憂去遺愛在人

李如蘭武陟進士十六年知縣衙舍爲闖逆所焚如蘭始重建其他上司行臺觀瀾亭香山鐘樓歐亭裴公祠沿途鋪司牌坊創修刻期告成然綜理精密頗無浮費陞吏部主事

梁參乾山丹衛貢士康熙三年知縣坦率恬靜民受其福任兩載致仕

邵時夔無錫貢士五年知縣法嚴而當奸民懾伏盡革雜派量增羨耗民甚宜之雅意作人月有課季有試士勸於學坐事謫去

許自俊嘉定進士十九年知本縣性廉介携一子一僕自隨衣布素日食青菜時有許白菜之目或以事至郡省策蹇徃返餽送各上官詩扇詩綾而已大減羨耗驛站毫不派民催科甚緩民自勸輸用法平允訟獄衰息暇則以詩文自娛境內勝蹟皆有題咏捐集名士講學課藝士風丕振乞休去行李蕭然祀名宦

平陸縣

明姜儀洪武二年知縣建設治廨及修各鋪舍

張謙臨朐人洪武初任解州判後改知縣忠信篤敬言行不苟因慕司馬君實爲人秩滿占籍夏縣四方之士多歸之卒葬君實墓側

王翰夏縣人十五年由薦舉訓導官至翰林院編修見夏縣鄉賢正祀考云歷任司文推心敷教守城拒寇身刃殞身著有敝帚集采園稿

蔣懋臨海人二十年典史中山西鄉試

傅衡臨淄吏員二十三年典史涖事明敏贊治公勤以績最擢御史

盧立魁高安儒士永樂三年教諭以身教人士風丕振有蘇湖遺範祀名宦

李恭　正統間知縣重修儒學

彭文　眞寧人成化間縣丞修城有功

喬愬　寧陵進士弘治六年知縣寬嚴互用吏畏民懷後陞御史

候尚文　掖縣舉人十年知縣政事修明建置底績民到於今稱之

申綸　永平進士正德八年知縣才識足以有爲寬仁足以得衆歷任副使

李鋭　河間舉人十四年知縣行端政舉化行俗美有古循良風官至平定知州祀名宦

王紳　涇州舉人嘉靖四年知縣重葺縣治學校

李東生　東阿舉人十一年知縣重修城郭縣治學校陞通判

梁民　清河監生十九年教諭純實不欺訓廸周懈晔爽升堂視諸生所讀書復退薇一亭爲諸生講經義

子史及論歷代治亂興亡之迹切理近情秋毫不爽士
佩東脩不受河東言善誘者必歸焉

趙重器　天津舉人三十五年知縣重修城樓公署

王發蒙　鉅鹿貢士四十一年知縣興舉廢墜制度精詳
創修縣志有資治化

劉應節　衡水人四十四年縣丞增修縣志

王學孟　安平舉人四十五年知縣增修縣志

丁一元　棗縣舉人隆慶六年知縣補修縣志

洪君瑞　永城監生六年縣丞分任修志

馬民牧　南和舉人萬曆二十八年知縣興學校勸農桑
惠政及民去後人思之爲建生祠祀焉

魏學徵　咸陽舉人三十二年知縣留心吏治體恤民瘼
扶弱抑強豪猾斂迹引渠水以資灌溉建文臺

以振士風人懷其惠去後爲立德政碑以志思慕云

強自修韓城舉人三十三年知縣興起教化課試士子嗣後科甲蟬聯皆所成就

李蘊秀永年舉人天啓二年知縣剛明果毅鋤除豪強培養士類境內肅然祀名宦

湯維新濟寧進士崇禎初知縣方正廉潔有古循良風入覲之日囊無餘金去任時送者塞途男女流涕至今頌德不衰祀名宦

耿大節洛陽舉人崇禎間知縣時值饑饉賊盗蜂起禁暴救荒一境安堵邑人賴之

國朝陳國泰麻城歲貢生康熙五年知縣聽斷平允執法嚴毅以罣悞去官輿論惜之

徐呉錦武進貢士原任內閣撰文中書降理藩院知事九年知縣修理官署及城隍關廟左遷萬年縣

丞

柴應辰字君拱永清籍山陰舉人十三年知縣興舉廢墜修縣志葺學宮衙署以父艱去任歷陞蒲州知州明察絕倫政清刑簡邑人立德政碑至今思之

馮遵祖字青山歸安進士二十三年知縣自奉淡泊存心慈惠修城編審課士講約美政多端至今思其遺愛云

董佩衡奉天例監二十七年知縣剛果任法人不敢干以私丁艱去行李蕭條士民斂金佐行不受後陞泰州知州

金煒會稽貢監二十一年知縣時方協濟豫省轉運關中水陸騷然晝夜勤勞蒞政三載平易近人

芮城縣

明張友直　洪武間知縣增修城壘至今賴之

俞士眞　婺源進士永樂間以郎中知本縣操守清白政事坦易均賦役修學校深得民情而建置規爲後世永賴祀名宦

孟濟　朝邑監生正統間知縣修葺學官作養士子

李英　寶鷄監生成化初知縣公廉直幹修葺衙署勸農息訟吏民悅服祀名宦

李濟　三原監生成化間主簿陞本縣丞復陞知縣居官十九載剛毅歷練因民爲治凡閭閻之貧富疾苦罔不周知藹然如家人父子祀名宦

白世卿　字汝衡號東川泰州進士嘉靖十四年知縣才優學富政事之暇詩酒自娛士民深沭雅化有

武城絃歌之風

周時相 安州舉人二十二年知縣增補城堡敵臺築濬城隍於明倫堂後建學舍二十間訓課士子闔邑士民感佩德政祠卜子書院

強自省 鳳翔舉人三十五年丙辰春吏部因乙卯地震之變請調守令安恤殘民自省以才能奉調再知芮邑在任勤修政治愛士惠民百廢漸興祀卜子書院

李斗 號葵軒鳳翔舉人隆慶五年知縣修邑志刻題名記萬曆元年立後周孝孫張元碑

李選 白河恩貢萬曆十一年知縣蒞任朞年政洽民安慮邑城庳薄申請上憲增葺城垣周匝六百七十三丈仍舊規也高二丈三尺比前加三尺厚一丈二尺比前加四尺門樓高二丈五尺比前加四尺女墻悉砌以磚不斂民財雉堞壯楚隱然百里之保障也

江渤靜寧選貢萬曆間知縣讀書以研理爲先政績著聞

張遂華州舉人三十二年知縣撫字催科最有條理蒞民賴之陞定州知州祀卜子書院

趙庭琰號崑璞濱州舉人三十六年知縣忠厚清勤多所修建邑政一新陞昌平知州祀卜子書院

郝士膏鄠縣進士四十四年知縣清愼正直行取給事中歷陞河南廵撫

張堪襃城進士天啓三年知縣清勤質實歷陞河南分守道

姜士佐膠州舉人五年知縣慈惠小民培養士類修城堡救凶荒勸開墾祀名宦

傅永淳號熙宇靈壽進士崇禎三年知縣渾厚高雅有守有爲均糧谿丁德澤在人行取御史歷陞左都御史吏部尚書

任濬號文水益都進士五年知縣雄才大畧調繁榆次行取御史歷陞刑部尚書

范廷輔　滋陽舉人六年知縣質直嚴厲士民畏服陞監紀同知歷陞陝西苑馬寺卿

倪光薦　號藎庵天津衛貢士十年知縣才識敏練在任五載撫恤奇荒修砌磚城歷任太僕寺卿

陳達德　字大孚義烏貢士十六年以蒲州學正陞知縣寇亂潔身而去

國朝呂秉忠　奉天貢士順治二年知縣忠厚清正歷陞鄖陽知府

李淶　德州進士五年知縣以六年寇起守禦力詣乞師秦督恢復地方全活難民至今思之

王自修　字闇卿新鄉貢士十五年知縣改修學宮培養人才申豁汾西協馬之累陞主事祀卜子書院

羅于田　號瑞崖應城貢士康熙六年知縣汾西協馬于田力持前案永斷後患嚴于弭盜邑賴以寧

高爾行　號敦之岢嵐州歲貢十一年訓導公正無私品高學博士子景從

胡心尹　號豈若昌平衛舉人十三年知縣以眞心行實政在任五年治績卓然可紀卒于官邑人不忍

志樹碑學宮前祀卜子書院

高壽名號玉峯大興進士三十一年知縣時值歲凶多方拯捄活人甚衆興利除害邑人德之陞主事

王澤永寧州選貢三十六年教諭才猷敏練學問弘通與之遊者如坐春風如飲醇醪士子咸有得師之慶薦舉卓異陞四川滎縣令

絳州

明顧登　洪武十年知州創建治廨祀壇繕葺廟學祀名宦

李學　祥符人正統四年知州公廉守法曉達民情後人感慕塑像於羊舌廟祀名宦

王汝績　金谿舉人由教諭陞知州絳民繁產薄稅重健訟汝績謂人給則教行教行則訟息勸耕稼蠶桑偷惰者董之不數年民業饒給大修孔子廟益廣學宮舉學政以勵士子延師儒教民間子弟教化洋溢郎旁邑民以事至州者必告以敦本節用孝弟禮讓之道雖呎之愚且賤者懇懇誨之不倦敬慎篤信接下以誠凡有徵集第書片紙付里甲與民期約勸趨無敢緩者故稅不後期民不知擾俗好鬬忿不勝郎投井或親屬厚誣或至破產嚴爲禁絕又有行刼者出其境郎掩捕置之法在任九年閭里晏然訟息獄空卒于官民哀之祀名宦

昌黎人景泰三年以光祿署正陞知州轉運司同
劉訦知
鄒平進士成化六年知州博學而清正門無私謁
言方居二載以憂去民爭扳留善政至今傳之祀名宦
李憲青城舉人成化間學正施教有條久而不倦陞淶
水知縣去之日諸生攀送號泣
劉觀平度州人十五年知州廉勤威斷吏畏民懷居三
年懇求休職得命之日單車就道
李守經汝陽舉人成化間學正以春秋教士人多傳焉
賈定通許進士十八年知州絳有屠人誘人出而殺諸
谷中歸而私其妻不從復殺其妻而攜其貲鬻之
事久弗白定廉訪屠者事竟白絳有積薪避者疫家廉
軀而遁弗完也定通一州丁戶足其遁自是絳薪歲無
逋又嘗爲善惡二籍歲終則勾稽誅賞之會大饑疫絳
獨活因上救荒八事是年又平垣曲之盜後改易州尋
陞山西僉事祀名宦

魏濂鉅野監生成化間州判以廉問州舊皆土街濂砌以石壁五臺縣

徐崇德濟寧人弘治十六年知州置文廟祭器士林稱之

張憲涇陽舉人性至孝朝廷旌之弘治間學正持己清慎誨人勤篤又嘗捐俸造祭器有碑存焉

易謨固始進士正德九年知州政聲超卓陞西安同知有去思碑肖像富鄭公祠祀名宦

李文潔貴溪舉人十二年知州剛正明斷興學校毀淫祠均賦役鋤強豪一介不取居四年風清弊絕陞建寧同知去之日百姓遮道號泣如赤子之失慈母肖像富鄭公祠祀名宦

錢貢蘄水舉人嘉靖十年知州嚴明剛斷囹圄常空陞廉州府

張文弼深州舉人十七年知州慈祥忠厚平易近民陞府同知累官刑部郎中

蔚楷合肥人嘉靖間學正規範嚴整接諸生雖私居必正冠垂紳

劉朝麒 臨洮舉人二十八年知州敦厚愛民剛果執法絳有靈丘藩封招納無賴子弟強橫爲民害朝麒正其罪諸宗人欲危之朝麒諭以法乃解去陞同知轉僉事

李必昌 南海舉人嘉靖間學正工古文詞河東書院招致茂才以督率屬之諸生以得師爲慶陞修仁知縣

金翮 樂清進士嘉靖三十二年以刑部郎中調任州同知署州數月興利除害聲動全晉州舊有牛頭在瑞石驛䘮爲負累申呈當道折銀解納百姓便之諸所節省大得民心獨不善事上官陞嶶州府通判祀名宦

賀棨 唐縣人嘉靖間學正評隲文藝妍媸不爽

蕭儼 涇縣監生嘉靖四十三年以兵馬蘭州同知博學能文談論悉中肯綮冬月汾州架橋板椿之徵歲以百計儼署篆申允舊板收貯候用壞者易之不復徵銀後遂奉爲成法署臨汾臨晉俱有聲祀名宦

熱養民　鄜州人嘉靖間訓導忠厚老成愛士如子每月試躬爲督率

邢化　臨邑官生四十三年知州剸繁執要詞訟令自拘聽其和息不以贖鍰學正李必昌與其妻卒于官子女皆幼家在南海乃擇老媼及義民護送賻贈抵里陞延安府同知祀名宦

段邦寵　朝邑舉人嘉靖間學正剛斷明察庚午北闈同考時稱得人陞國子學錄戶部主事

馬繼　永年人嘉靖間訓導談經論文諸生負笈門下取科第者數人陞猗氏教諭

張軏　鳳翔人嘉靖間訓導忠信誠慤愛士如子陞教諭

宋應昌　仁和進士隆慶元年知州創建石堤免汾水齧城之患清丈地糧杜絕飛詭公舘供具皆官辦不以煩民抑强扶弱閭閻安堵士民思之歷官右都御史祀名宦

張允濟　固安進士四年由郎中調知州丰度威嚴不事鉤索人自不欺歷陞僉都巡撫山東祀名宦

屈大陛　咸寧舉人六年知州馭吏有法撫民以寬建寅賓館牧愛坊布按公署

李遷喬　安丘舉人萬曆四年知州清廉篤實卒于官士民哀之

敖得義　竹谿歲貢四年州同知性和而介州人多以遠年産直訟於牧牧屬得義聽之得義但直其理不加苛責州人德之陞南安府通判和曲知州祀名宦

蔡楠　沛縣歲貢十年州同知持廉守正不能脂韋直指亦以薄戒楠正色而前願聞可戒之狀既得狀願置之理則拂衣而去活民方藥至今存遺愛云

劉庚　壽光進士十三年以主事謫州同知先是在南部時以文贈人稍涉時政當途嫉之以故左遷時州守性愎而奢以庚至勉加斂戢陰德及民所到留題寓意忠愛未幾以内艱去歷官浙江按察使祀名宦

尹鳳儀　新泰舉人十四年知州值歲荒捐俸分賑全活甚多

郜永春　修武人萬曆間學正視諸生如子弟恩義聯孚

白璧　清澗舉人十八年知州建莊招民墾荒人稱曰白家莊北關水路久湮力爲疏導人多德之

杜濬　任丘舉人十九年知州片言决獄縡俗以小忿輙捐命濬責令自瘞民以輕生爲戒佐貳無所事事閉署靜坐而已不輕役一人不輕取一物以儆招尤致仕祀名宦

王翰　商河吏員萬曆間州判操守清潔刑法嚴峻皃頑爲之歛跡

王大楝　二十二年知州捐俸置學田建文昌閣

盧點　二十八年知州清廉寛厚有知人之鑒

黄一中　黄岡舉人萬曆間學正好古能文纂修舊志

范垠　郃陽選貢三十年知州恤民愛士繩督吏胥公庭肅然

郜縉　富平吏員萬曆間州判弭盜有方甚得民懽

張繼東　丹徒舉人三十二年知州慈祥愷悌簡於用刑青衿以寒苦告輙賑之不厭其賣有長者之風

方立誠　太平舉人萬曆間知州政治雅思復古重修州志

李初元　劍州人萬曆間州判一錢不取署州甚得民心

朱正寅　雲南人南直籍舉人萬曆間知州才識明敏興利除害爲民保障

笪繼良　丹徒人萬曆間知州崇尚理學惠愛士民出銀帶爲河汾書院之需

田毓華　汴梁舉人天啓間學正博學能詩推誠待士歷官南部郎中陞滇南知府

雷狆　郃陽舉人崇禎六年知州忠厚朴直惠愛士民立殲大豪爲民除害有古人風祀名宦

孫順　貴州進士十四年知州謙恭好禮愛民下士有古循良之風

國朝陳維新廣寧人順治二年知絳州廉潔篤實愛民如子有生祠歷陞巡撫

聶源萬泉衛舉人二年知州精明洞鑒判斷如流崇文課士優禮學校

單惺東強舉人九年知州恭謹簡默旁賓盡杜陞工部員外

史必遵盂縣拔貢順治間學正丰儀秀整識鑒精敏累遷湖廣衡州道

薛世望字山子江陵歲貢十四年知州慈良愷悌士民愛戴館餼課士文風丕振

王琦字奇玉大興舉人十六年知州政事詳明判斷無滯陞九江府同知

張世淳會稽舉人順治間學正寬厚有容不設厓岸才思通敏文采翩翩詩效元白體每與多士唱和有古人風任十二年陞本府教授卒以絳爲桐鄉云

劉顯第字澤遠奉天貢士康熙二年知州宏才多幹百廢具興優禮士紳

蒲昌廸　渠縣舉人十七年知州居官廉而惠慈而斷捐俸修學作養寒士口碑在人至今不朽

劉湎　宣化廕生十九年知州陞戶部員外

稷山縣

明李公讓濮州人中書省椽洪武二年知縣勤愼公廉修舉廢墜後調江西新喻縣民攀戀不忍其去

茹伯賢陜西選貢八年知縣律已廉潔學校壇廟多所修飾調大興縣陞薊州知州

董威同州舉人永樂七年教諭教人有法士多樂從祀名宦

林軒樂清舉人十六年教諭學問老成講明忠孝大節士類丕變祀名宦

胡士寧樂平人景泰元年知縣以廉幹稱修築城池民不爲勞祀名宦

張諒鹿邑貢士天順八年知縣甘淡薄興學校革弊袪奸敷德施恩陞知吉州民泣留載道祀名宦

吳佐西安舉人成化初教諭學問博洽誨人不倦

來亨胙城舉人正德五年知縣明敏廉介畫規裁省甚多築城池戢賊盗民感德焉祀名宦

王松年 寧夏監生，十四年縣丞。時回賊入境，松年督民兵捕禦被害，人咸哀之。

李棠 清苑舉人。嘉靖三年以員外郎謫典史，政尚嚴明，志甘清苦，均里甲，減徭役，有德于民。祀名宦。

高義 葉縣舉人。八年知縣，廉平公謹，吏畏民懷。時值大饑，賑濟有法，民賴全活。祀名宦。

于藁 長垣舉人，除武陟知縣。二十三年以賢能調知本縣。性剛直，不受賄囑，興學校，禁奸頑，剖訟如流，催科不擾，增築城池，民不知勞。僉爲樹石記功。陞蔚州知州。祀名宦。

溫季春 涇州監生。二十三年縣丞，持身勤愼，佐政公平，清苦之操，九年如一日，催科不擾。祀名宦。

楊文卿 藍山舉人。二十六年知縣，博學工詩，清愼勤幹，興學校，檢吏胥，令之良也。陞都察院經歷。

杜萬斛 新蔡貢士。三十八年知縣，性剛政簡，清潔之操，雖老靡渝。

孫倌 安化舉人。四十五年知縣，剛直明敏，百廢俱興，修城浚隍，申減酒課及倍征賦稅，民受其賜。陞主事。

李汝器　蒲州選貢萬曆元年知縣會檄取代徵文嵐徵銀甚急力抗不起民德之陞韓府審理

王無逸　獲鹿舉人四年知縣廉靜寡言催科無擾修葺學宫壇壝與城濠浸水城賴以固陞解州知州

劉圻　大興恩貢八年知縣慈祥真醇廉潔自勵日用薪米諸費估直親給不妄遣役胥下鄉勾攝錢糧視所輸多寡爲獎懲不鞭朴而額足訟獄別其曲直曉以大義令自和解贖鍰毫無所問即負者無不手加額去時行田間察疾苦考勤惰葺治溝洫津梁而性喜談經術集青衿于泮官衡其文藝講究意義去之日行李蕭然立祠東郭外歲時祀之

王準　同州舉人八年教諭氣度冲雅身範端嚴雖尺寸不踰人人以爲親己而不敢犯以非禮束脩餽遺一切不較勤誨𢈔寒暑不休至今士有餘思文望赫奕壬午分考應天試所得多知名士後陞保定知縣

馬懋　安丘恩貢十年知縣清勤正大剛斷敢任時值年荒請賑倍于隣邑杖殺巨盜王邦清置諸大豪於

法人人稱快申減文水嵐縣代徵銀七百餘兩永不起徵尤得民萬世之澤也卒于官哭聲震地祀二公祠

殷煉長垣舉人十二年知縣恬靜不擾時均丈地糧勤勞著績以憂去

陳堯賓遵化吏員十一年主簿幹局絕敏丈田多所釐畫十五年大荒盜無巨細悉籍其名有犯無不立獲者羣盜股慄避跡境中賴以安堵陞齊河縣丞

董繼祖洛陽進士十五年知縣時值大荒道殣相望力請上官暫停催徵凡犯盜者無巨細悉置之法境內安堵後調清源縣

苗應元武定舉人十七年知縣大荒之後撫民如子凡民間疾苦惻然動容竭力袪除徵收火耗纖毫悉革風裁凛凛吏胥無所售其奸年餘卒于官士民如失怙恃今祀崇陰祠

劉一相長山進士十九年知縣以左遷王愷悌慈祥纖塵不染雅意學校拔士之雋者課誦讀躬講解

大冬大夏不輟人思自奮以不與爲恥去之日百姓卧轍泣留數日始離境陞南京兵部主事祀崇陰祠

李希召　蘭陽進士二十一年知縣明察敏斷剖决如流手不敢虐稷者二年尤厚士類賑貧乏助婚喪寬抑輙與伸雪調合水縣今祀崇陰祠

王豫立　涇陽進士二十四年知縣溫醇端雅慈愛精明時礦使四出大璫將臨稷妄云鳳凰山銀可採公走使從中調之璫遂止且戒原奏者勿得肆毒稷境會檄條鞭起徵僉謀士民不便力爲申請得不行以憂去囊無一錢士民攀送有號泣者有生祠

徐化　唐山貢士二十六年教諭春風氣宇足以消人鄙吝而詳練老成寮寀師弟之間雍雍肅肅如也

陳大烈　丹徒監生二十七年縣丞清愼自勵催徵常例悉却之署縣篆境内帖然鷄犬不驚與人溫雅可掬而才幹明敏諸施爲悉當人意去後民猶思之祀崇陰祠

吳峻鳳翔舉人三十四年知縣性淡泊往來謁㕘止用皂隸三四人即日用米薪皆當堂予直不設支役

立大社集開薛村渠凡有便於民亟興之有不便於民亟革之視事八月以憂去祀棠陰祠

薛承教咸陽進士三十六年知縣剛正不阿遇事擔當興除無遺力申減站銀建汾橋造青龍閣八閱

月陞南京戶部主事有去思碑

張思恭許州舉人三十七年知縣才猷明敏發奸如神時方大旱請賑於上遍歷窮鄉閭民疾苦靡慮

分折耗折出俸銀以足其數躬爲給散里胥無所售其欺創置學田五十餘畝以周寒士審編均徭封閉吏書

於後廳獨坐堂上執簿檢閱令民盡所欲言逃者亡者

廉眞悉除豁之偶有上下無不愜當前任薛令申減加

倍站銀蒙批查問以擢去思恭力請于上竟得免銀一

千兩至如剖訟獄之彼僞革牧頭之侵尅察庫吏之乾

沒廢銀匠之傾銷人尤稱快陞延安府同知

焦浴寧夏貢士天啓四年知縣才猷英敏發奸摘伏豪横歛跡蠹役肅清稷民貧每逋國課浴結以恩信爭先輸納時絳宗悍虐環稷皆爲魚肉廼取最横者置之法終浴之任民免其害後陞潞安府同知去之日老稚悲啼載道至今尸祝不忘

李燧庭肥鄉貢士崇禎二年知縣廉靜慈祥時流寇作亂燧庭率鄉民晝夜登城捍禦稷人賴以安全

國朝楊之枘良鄉舉人順治二年知縣長才大畧剖决如流當草昧初定流亡未復之初招徠撫綏井井有條尤念稷土瘠户稀蕪田苦累力請上臺疏免荒地糧若干稷人賴之以甦陞户部主事祀名宦

張拱端完縣恩貢七年知縣時土寇蜂起邑民逃竄一空拱端單騎就任招募士民不數日人煙如故又于鄉城練兵數百集力擒捕以故盜寇屏跡境土得安政尚和平撫字催科兩得其法未幾以細故去百姓感其捍禦之恩泣留不忍别至今思之

姚延啓烏程進士十年知縣博學弘才虛懷善下崇行誼風節矜獎勵子衿遠絕嵎齹凡政以和平爲主兵燹後士不知學立采蘭社課藝親定甲乙一時多所成就十三年　欽取工科給事中

畢際有淄川恩貢十四年知縣英敏精詳嚴威果斷恤孤窮禦强暴吏畏而民服之

韓應恒安丘舉人十八年縣丞雅懷高致篤厚慈和憫城夫寒苦設處煤租四十兩每冬取煤息以供城夫至今賴之歷長興知縣

朱天爵奉天例監康熙十八年知縣勤慎嚴明捐俸建立義學革除錢糧拆封陋規及驛馬私派申飭保甲民賴以安陞都察院經歷去任日士民皇皇如失慈母

梁永淳容城舉人二十二年知縣政尚寬和以清靜爲理于士之貧寒者必加以作養念稷民窮困于縣治前設市廛以通商販開水渠以濟農力五年行取工部主事遇出都者猶惓惓以稷民爲念

絳縣

明張居彦上虞舉人永樂十九年訓導學行俱優名實並茂累陞福建僉事祀名宦

劉智長城監生正統十四年知縣政治公平歷任九載民奏留增六品階又九載懇告歸里邑人思慕之祀名宦

張幹舉人正統間訓導

陳能安化舉人成化七年知縣有功民社政績茂著祀名宦

蔡蓁東萊人七年訓導勤課士業督修學宮祀名宦

張瑾華陰舉人二十一年訓導敬以持已勤以課士陞國子監助敎代府長史祀名宦

蘇昱武邑監生弘治十八年知縣剛毅果斷立城市集塲祀名宦

史章咸陽舉人正德三年教諭勤敏課士祀名宦

王一麟青神進士七年知縣政平訟簡和易近民暇日與諸生講解課業遇景吟咏文章政事獨擅一時禱雨多應事蹟甚著陞戶部主事祀名宦

包得仁蒙陰舉人九年知縣法令嚴明豪強慴服繼調文水祀名宦

毛纘長垣舉人十四年教諭溫溫持巳循循教人祀名宦

李光遠平山監生嘉靖十三年知縣公介廉慎始終不渝改建學校新縣治幕所鐘樓民不知勞政績顯著陞平凉府通判民遮留垂涕而送者百里不絕祀名宦

苑汝清饒陽監生嘉靖間主簿廉直不苟取時有苑青天之頌

王思治同州舉人萬曆三年知縣嚴除賊盜

徐三畏任丘進士五年知縣惠政甚夥後在固原總制恒念絳人不置恩膏常沾溉焉

崔儒秀字敬初陝州進士三十三年知縣敏捷有膽識發奸摘伏加神吏民憚之課士勤而指授有法一時文風丕振曾申華代鄉寧安邑輸納之苦調翼城累陞開原道遼陷殉節𣸸贈官蔭子祀名宦

高雲程思縣舉人三十八年知縣廉慎不苟

張膰萬曆間教諭好學問善課士陞國子監典簿

劉繩祖汝陽舉人萬曆末知縣清勤過人陞薊州知州

牛耀台魏縣貢士天啓間知縣潔已愛民好學敬士陞葭州知州

劉孔彰晉州人天啓間教諭和藹可親

凌必達烏程人天啓間縣丞敬士愛民

杜璜漢陰人天啓間訓導精審詳慎

王敏郃陽貢士崇禎間知縣遇事諳練斷獄明决

國朝崔珩壺關人順治三年教諭土寇破城守節殉難

楊鴻謨奉天貢士八年知縣清介有風力人不敢以非義干之

吳昌仍桐城貢監康熙十五年知縣秉性清正慈以御下值軍興旁午徵會百出委曲曉諭民無怨咨

內陞中書

垣曲縣

明崔弘毅丹徒儒士洪武初知縣時羣盜蝟起設法弭之民賴安堵陞湖廣按察司僉事祀名宦

劉玉同州人洪武間主簿清謹誠篤不避艱險

李哲正統十年知縣展拓城池民賴保障祀名宦

張鎔安陽舉人景泰元年訓導學優教勤陞平原教諭太原教授祀名宦

朱凱肅寧監生五年知縣興學勸農茂著功績陞南京太僕寺丞祀名宦

董仁傑河間舉人成化元年教諭課教嚴勤終始無倦陞兖州府教授祀名宦

馮俊錦衣衛舉人七年教諭口不談利身不倦教陞獲嘉知縣祀名宦

茹紹賢鳳翔人二十二年知縣明斷廉能豪強屏跡陞蓟州知州士民樹碑鑄像祀名宦

吳璇　高唐舉人弘治九年知縣器度恢弘才識卓異建倉庾增學舍陞河州知州西安府同知祀名宦

鄧中和　膠州舉人九年教諭學行優長敎化丕振陞禮部司務懷慶府同知祀名宦

王鑣　臨清人正德四年縣丞展築城池民賴保障陞靜樂縣

吳鴻翬　洛陽人正德間訓導樂育諸生詩文自娛

李本忠　松滋舉人五年知縣纂修縣志

李良翰　歷城舉人九年知縣法嚴除奸

王珪　鹽山人九年典史公慎廉幹

李衮　南昌舉人十四年知縣繼修縣志

蕭廷儀　信陽人嘉靖間敎諭輕財重義士類咸服

張佮觀城舉人三十一年知縣清操善政以才調蕭泉

閻楚大名舉人三十二年知縣談經飭治除暴綏良

李琮武城人嘉靖間教諭清淑謙冲好賢禮士課藝傳經陞房山知縣順德府知府

劉士適中牟人隆慶間訓導日親詩書絕口不言利

陳誨太原人萬曆九年教諭器質渾厚教學優長

徐皋盩厔舉人萬曆間教諭冲襟雅度恩義兼施

趙文炳任縣舉人二十一年知縣學得宗傳治本經術行取御史巡按山西祀名宦

張翼平遙人二十一年訓導朴貌古心重義輕財

仝梧郟縣進士二十六年知縣才識超卓政教嚴明課士賙貧修堤捍患陞評事歷戶部員外

王曰然　太原人萬曆間教諭謙恭持已平易與人

呂恒　德州舉人三十五年知縣續修縣志惠愛士民陞鞏昌同知民立生祠

李國相　永平人三十八年典史慈和練達

喬中和　内丘選貢四十一年知縣器宇溫恭法度整肅陞汾州通判崇禎朝當道交薦理學大儒將大用忽卒

梁綱　嵩縣舉人四十五年知縣立會講學潔已愛民

申鐸　平順人萬曆間訓導未雕未鑿可模可範

馬鳴陛　陝西人崇禎三年典史團練鄉勇捕賊有功

改自宏　甘州選貢五年知縣邑屢被寇掠民不聊生七年三月間饑民千餘嘯聚山寨自宏同范中軍

督官兵鄉勇攻破賊寨殺其首惡餘招撫歸農

秦宗文　武陽人五年典史剿賊陣亡祀忠烈祠

尹三聘　晉州人十三年敎諭文章德行多士樂宗卒于官時論惜之

國朝張文德　奉天生員順治三年知縣刑清政簡端己愛民卒于任士民感之建祠致祭

周茂覺　山陰人三年典史剛正敏捷贊政著績增修廳署六年殉難

黃縉　靜樂人三年訓導六年城破殉難

李榮宗　費縣進士四年知縣禮士愛民鋤強獎善民歌慈母吏畏神君值六年姜逆之亂城陷罵賊而死後上聞嘉其忠烈贈按察司僉事祀省會忠烈廟仍廕一子入監

邵起鳳　奉天貢士七年知縣時賊盤踞垣境一載夥羅王至將盡屠垣民公哀懇王前日恢復其地無

民何益王允奏全活

徐繩武　朝邑恩貢八年知縣慈惠和藹平易近民

秦樂德　三原進士十年知縣清廉仁慈因荒糧累民力請蠲免流離復業垣民感德

王宬　沁源人十年訓導耿介清操矯矯不羣歷陞海澄獻縣知縣

孫世藎　興縣人十二年教諭威儀可式善誘多方捐俸修學陞崇仁知縣

呂崇簡　永康恩貢十三年知縣慷慨豁達政持大體

董爾性　洛陽恩貢十六年知縣明英果斷釐奸剔弊創開城東水利增修舜井古廟有生祠陞知州

紀弘謨　開原衛廩生康熙三年知縣寬厚廉明慈惠純懲奸盜屏跡敎化大行捐俸建城修輯縣志

李有長　富平人五年典史諳練捕務勤謹奉公惜物力甘淡薄垣民感之

霍州

明呂稷　濟南人洪武初州同尋陞知州凡廨宇學舍壇廟皆其創建

馬士能　洪武末州同增修學廟州人立碑記之

范禎　交趾人永樂間欽賞州判愛恤孤貧敎藝桑麻後陞沁州知州

曹端　字正夫號月川澠池縣舉人永樂間學正篤尚禮敎務躬行實踐所著有四書詳說太極圖通書西銘釋文奔經述解性理文集儒家宗統諸家規輯畧存疑錄夜行燭等書座下足着兩磚處皆穿君子謂專靜之功居多在霍十餘年士皆服從其敎雖郡人咸薰其化後服闋補蒲州學正考滿霍諸生上章乞任蒲諸生亦上章爭之霍州先上得允竟終於霍一郡罷市巷哭童子亦悲泣正德中大司馬彭澤稱端爲明理學之冠欲舉從祀孔子廟庭生平嘉言善行詳具名臣錄中祀名宦

蔡郡　江西舉人景泰間知州有惠政

吳棨　江陰人中北直解元天順元年學正學優敎勤屢聘分校稱得人詩文琴書皆所長當路器重之

崔明　見萬泉

王畿　新鄉人成化間州同有善政

張紀　弘治間知州一切公署皆係重修

劉橋　獻縣舉人嘉靖二十三年知州有德政後陞臨洮府同知士民泣送者塞於途

褚相　海寧進士三十五年知州篤於愛民嚴於嫉惡留意士習著四書膚解尙書題義批選會墨創建霍山正學院講習其中寒暑不輟撫按交薦士民立祠祀之

趙誠　醴泉人嘉靖間州同明敏廉幹

李春　臨漳舉人三十九年知州均田糧平盜賊均產差營建公署增拓學校毀淫祠輸編夫各臺奬薦

張鑑　陽谷人嘉靖間吏目廉幹有能名後陞臨潁主簿

許仁　靈寶舉人隆慶間知州潔已愛民平刑輕賦性喜承吟蒞任未久辭官歸

吳過　寧夏舉人萬曆間知州仁政善教時有穀秀雙穗之異修本州鼓樓

高烏　郟縣舉人萬曆間知州捐俸建修鼓樓

高應奎　昌平人萬曆間吏目居官廉謹

張遂　華州舉人萬曆間知州德政廉明發奸擿伏歷久稱頌不衰

楊楠　盩厔舉人萬曆間知州莊嚴簡正立社課文科目振興倡明心性之學力請故學正曹端從祀孔廟

鄒一麟　滑縣監生萬曆間吏目捕盜有功陞濟源主簿

張夢鯨　蒲城舉人崇禎間知州蒞官九載愛民禮士始終如一

韓中孚　碭山選貢崇禎間知州係忠臣韓成之裔文學爾雅待士有禮百姓歌之

丁時學　北京人辟舉崇禎間知州積學長才釐奸剔弊

侯鼎祿　良鄉人崇禎間州判質直勇畧署本州事闖賊兵過堅志守禦城陷被執不屈而死

國朝王來覲　奉天人原任河南分守道順治五年補任本州潔己愛民不阿權貴六年城陷血戰而死州人建祠祀之以申報遲未蒙贈卹祀省忠烈祠

劉浩　奉天廕生十四年知州勸諭有法不事催科官養驛馬親解正供優禮學校加惠黎民

習全史　同官進士十四年州判清慎廉能愛民禮士

竇復信　沁水舉人順治間學正修學課藝創建明倫堂

查振宗奉天廕生康熙十一年知州蒞霍五載盜賊遁跡逃移復業勸耕給牛供應大兵省費甚多

葉九思奉天人三十一年由通判陞知州言詞明敏性量寬宏設義學以恤單寒立鄉約以曉愚衆鑄鐵牌而賭博息嚴保甲而盜賊寧擢大同知府

吉州

明許志昇　洪武六年知州修學宫治壇壝開國之良牧

高選　高陵進士正德七年知州弘才博學課士撫民調臨清州

虞文翊　義烏舉人嘉靖八年知州六事兼舉百廢俱興調觧州

宋蕃　寶應監生十七年知州奏減糧價民受其福

蔣暘　安樂進士二十一年知州治先教化使民無訟優崇學校增築城垣有功於時陞陝西僉事祀名宦

麗經　嘉祥舉人二十三年知州清廉慈惠民歌父母

包鍾　乾州人嘉靖間州判事母以孝愛民以仁創築外城公私不動一錢祀名宦

左逵　莘縣舉人嘉靖間學正學有淵源教有程式

劉璲安樂縣人嘉靖間學正因才善誘人文聿興

李瑚霸州舉人萬曆七年知州資性溫雅不事華飾政敦寬仁利欲不染陞藩府長史

孫溫如濵州進士十一年知州氷櫱禔躬麗澤福民甫歲餘以憂去民甚思之

張應春華州舉人四十三年知州政寬刑清風移俗易

張秉同鎮平人萬曆間學正賦性剛果正大不阿

辛繼先襄城人萬曆間學正一介不取一言不苟忠厚正直祀名宦

麻一鳳宣城舉人天啓間學正博學弘才剛方正大

國朝崔起鵬奉天生員順治四年知州清年秀質涖政有條陞青州兵備道

鄉寧縣

明荆守正　洪武八年知縣修置有功

王暉　狄道人永樂間主簿廉潔慈祥撫字有方民懷其德歷久頌之

寇恕　字道中中部人成化間教諭性簡靜深明易學立條約敦本實陞綿竹縣

崔瑞　東鹿人弘治間知縣修廢起儆政治一新

党爵　朝邑舉人正德間知縣才堪治劇調曲沃

趙元　汲縣監生正德間知縣敷政公廉創建城池陞本府通判

王揚　高陽舉人嘉靖元年知縣蒞政勤慎造士愛民

王賢　汶上舉人嘉靖間知縣蒞政寬嚴相濟

楊鵬　北直新城舉人嘉靖間知縣修學愛民陞平凉通判

張思正　洛南人嘉靖間知縣蒞政寬平

宋晨　順天人嘉靖間教諭能詩翰善訓士

楊九皐　涇陽舉人嘉靖間知縣才守兼全吏民頌之

張雲從　泰州舉人嘉靖間知縣政尚嚴毅奏減民賦吏民思之

王用儒　滿城人嘉靖間訓導操守清純立教有方陞平陸教諭

劉旁　興國州舉人嘉靖間知縣溫雅有度重學愛士

馬秉直　三水選貢隆慶二年知縣有平土賦功

張一敬　朝城舉人六年知縣精明歷練強毅有爲減賦清田民懷吏畏爲一時循吏冠祀名宦

吳宗堯隆慶間典史善於捕盜克盡其職

李枝咸寧舉人萬曆四年知縣均賦役賑荒歉興學育才築城濬河政簡刑清吏民懷之陞大名通判

劉昇萊陽選貢九年知縣清爭淡泊癯然寒素置學田四頃四十餘畝有碑記陞邠州知州

樊士禎永壽人萬曆間敎諭勤考課振士風陞鳳翔敎授

崔允恭膠州選貢十三年知縣廉明剛果政尚寬平陞保定通判

梁隆吉長安舉人萬曆間敎諭工詞翰興後學登壬辰進士

焦守已青城舉人十七年知縣心體正大政兼寬嚴刑清訟息吏習民安興學校清稅糧修廢墜發隱奸士庶懷之陞平凉通判

黃邦材浙江建德人萬曆間典史清勤謹恪

王承敎 朝邑舉人二十二年知縣端雅精詳爲刁悍所誣士民惜之

唐允中 威縣舉人二十四年知縣詰奸除暴法在必行申臧窒課民被其德以憂去人恒思之

楊亨 泰州舉人萬曆間教諭博洽勤謹接物溫和經藝課士風節勵人

李時茂 乾州舉人二十六年知縣節愛恤民嚴明馭吏才猷敏練百廢具興創修常平倉養濟院儒學號舍時有李青天之目

白添岐 渭南人萬曆間典史佐治惟廉隨所委任無不辦治

彭萬里 景陵舉人三十四年知縣廉明而不苛愛民作士壁蒙中同知

范愛 閿鄉人萬曆間典史委用勤慎

高城 清苑舉人三十八年知縣正大光明去奸庇民以忤上去任

王家柱　偃師選貢四十一年知縣平易近民歷饒州府通判

丘巒　神木人萬曆間訓導老成忠厚敎範謹嚴

紀大緒　文安歲貢萬曆間知縣和平恬雅

秦一藩　蒲城舉人萬曆間知縣嚴明敏决調繁太平

王承惠　開平衛歲貢萬曆間知縣才識熟練期月被論士民稱寃

陸宗贄　江陵舉人萬曆間知縣純篤學者以譏被論

張文熠　襄城歲貢萬曆間知縣有古長者風卒於任

吉三重　華州歲貢萬曆間知縣忠厚純慤

楊偉績　萊陽歲貢崇禎間知縣有才識有膽力調繁聞喜

趙良有　河曲歲貢崇禎間教諭品格清潔襟懷灑落

楊家龍　曲陽選貢十年知縣真心亮節卓然自立値流冦蹂躪之餘饑饉洊至人民流離地土荒蕪家龍竭力拊綏招徠開墾調劑多方民始復業

國朝王昌運　沙河貢士順治二年知縣真率有守旋遭賊害邑人惜之

張士彪　奉天生員三年知縣實心實政爲國爲民革除濫征禦冦有功去後民思之

王翰　吳橋進士五年知縣賦性倜儻存心廉潔造士撫民可以爲法

侯世爵　錦州貢士七年知縣姜瓖之變衛賊據城焚掠殆盡世爵手平禍亂輯暴安民鄉寧再造皆其力焉

崔俊　奉天貢士九年知縣禍亂之餘瘡痍甫定撫綏招徠備極籌畫陞莒州

張昌慶汾陽舉人九年教諭勤學課士品格清高

莊際耀晉江舉人十四年知縣仁慈淳厚眞古君子

徐杆蓬萊進士十五年知縣精明果斷治績著聞

章畢定遠舉人康熙元年知縣立心仁慈導人以善撫字小民作養士類以病去人皆思之

高爾行岢嵐州歲貢四年訓導性格嚴正博洽好古

隰州

明墨春字景芳高陵舉人成化元年知州仁以御民嚴以束吏崇儒興教化民成俗

董瑜內黄舉人四年知州爲政寬嚴得宜百廢俱興歷任九載無大辟獄有靈芝嘉禾之異祀名宦

吳智字毅齋餘姚進士正德間以工部郎中謫隰州時值荒歉乃創一倉曰祿惠凡俸有羨餘及訟獄之願輸粟者悉貯以待貧民不時之需饑者得食流者得歸窮黎賴之祀名宦

黄傑淮安舉人嘉靖十五年知州法施于強暴恩施于善良三載而州大治

陳大蔆長樂進士十九年知州重學校抑豪強輕徭恤困州稱大治

葛鑰寧國歲貢三十五年州判得陽明之眞傳挾良知之精蘊多士從講者如雲

宗傑淮安舉人三十六年知州興利除害遏惡揚善派糧革里書之弊買馬得調停之法

劉世載 西安人嘉靖四十一年訓導博覽羣經雅稱師範

季遐齡 夏津舉人隆慶二年知州廉以律已恕以及人一介凛持四知克畏甫二載餘擢冀寧道

賈漢如 邢臺人萬曆十四年學正氣度端凝雅稱師範

張良武 犍爲歲貢十五年州判學博才宏崇儒重士

王遐元 涇陽吏員十七年州判催科不擾處斷有方

隨大經 商水舉人二十年學正言規行矩多士儀型

張四紀 涇陽監生二十五年州判嚴肅無私催科有法

范守已 洧川進士初督學三晉品操不爽歷陝西參議二十九年左遷知州事崇大體不屑煩瑣

張嘉謨 城固舉人二十六年知州嚴以釐弊寬以安民修州志除荒租士民至今不忘

陳正言興濟選貢三十四年知州清廉自飭威惠並施士民至今思之

葉萱西安監生三十四年吏目丰姿儒雅恪守官箴陞主簿

常永清介休人三十七年學正行足程士量能容人

王茂錫涇縣舉人三十八年知州志潔性廉德純量溥修理城池督葺學宫率多美績調雲南寧州

焦思正淇縣選貢三十八年州判性直政敏豪橫帖然

吕來陽順天人三十八年訓導制行端方

周可指襄城人三十九年學正淳厚無僞對之如坐春風

岳一棟内黄選貢四十二年州判慈心質行儆屣功名甫一載致仕

楊位長治人四十二年學正方正自勵時雨化人

儲至俊字賓賢靖州選貢四十三年知州植桑麻勸紡織修大觀樓開東門建文昌閣修學官鑿泮池擁尊經閣招來流移輕徭薄賦貧民逋賦者咸歸復業焉

楊起鳳寶鷄舉人天啓七年知州重學校抑豪强修黄路溝水利於學宫前南城上建三筆峯壁嘉興同知士民攀轅流涕不已

楊瑋祥符恩貢崇禎四年知州五年八月流賊李自成八大王等自大寧襲隰州守備高逸開北門逃去瑋獨力自守射傷賊甚多

周培忠興平選貢七年知州當流寇陷城之後荒蕪觸目民私視曰必得一清如水者來官此地可保萬全培忠至果如民願培養元氣萬民復業

國朝王添貴奉天貢士順治六年知州值姜瓖叛亂之後土寇聚衆爲害添貴領大兵由汾西先勦其

穴焮赴州任主將議欲屠城添貴哀懇得免增修城垣
易堞以磚陞懷慶知府歷任蘇松西寧等道

白崇周奉天貢士十三年知州政尚寛簡心存仁恕有
犯不能取保者崇周日本州自保可依限而來
犯果如期而至士民至今思之

胡文煥號宜彝奉天舉人康熙四年知州秉性愷悌凡
不便於民者盡爲嚴革繕黌宫修城垣葺衙舍
課文藝善政甚多

張綏遠廣寧監生二十一年知州爲政嚴明人不敢欺

鄭㤿豐潤進士三十七年知州刑不濫用人蒙其惠

大寧縣

明郁傑舍洪武間知縣重修文廟創建預備倉養濟院各舖

霍毅蒲城監生永樂初以刑部員外出任知縣公平忠厚剖決詳明以縣地磽瘠勸植桑棗興利除害民皆安業陞僉事祀名宦

劉紹宗武城人弘治間知縣政教兼舉甚得民心治聲藉甚九年考滿民不忍捨赴部保留復任三年祀名宦

艾芳米脂監生弘治間知縣居官清愼嚴明重修城池去之日民不能忘立石頌之

邵蕙寧州舉人隆慶六年知縣重築北寨建高覽樓增西關城門凡三於北寨內建書院一所於小寨中置倉舍九間又築南門外石堤一帶以障河水堅固久而不泐陞眞定通判祀名宦

蔡天祿　通州監生萬曆元年知縣裁商稅招流移旱禱輒應雹不爲災歷代府審理正

邊上翰　湖廣人萬曆間教諭博識能文捐俸修學

趙鏡　山陰恩貢天啓間教諭善書畫詩文以才名見知于世

主中道　崇禎間教諭訓誨有方壬申闖賊陷城殉難不屈

史掌文　良鄉人崇禎間典史督修城池捕巡不擾壬申流寇陷城不屈而死

王象明　山東新城歲貢十三年知縣才具優練尤勤課士

國朝潘鳳翼　奉天貢士順治四年知縣才幹明敏絳有惠政

徐士鶚　浙江人六年典史姜賊破城殉難妻子亦遇害

呉興祚　奉天貢士十二年知縣愛養百姓雅重斯文請汰荒糧修葺文廟陞沂州士民感之

馮應泰字儀生延長貢士康熙九年知縣品行廉介催科不廹造士多方均徭糧禁羨餘弭盜賊恤孤貧寬嚴相濟士庶感之立遺愛碑於西郊以識其德

梅鋗字爾止宣城進士十四年知縣剔蠹積弊厲精圖治行取御史

永和縣

明李昇盩厔人洪武初舉明經任知縣坐事降五臺典史以秋霜殺禾請賑獲罪百姓訴于朝特詔陞夔州知府祀名宦

辛耀即墨監生二十三年以給事中授知縣廉明正直為政以農桑學校為首累陞陝西按察使祀名宦

陳敏交阯清化府永寧監生宣德十年訓導學行優長師道尊嚴雅懷高趣多北題詠以見志九年考滿陞本學教諭景泰七年任滿乞休因兵革不可歸占籍於永詔給原俸終其身

胡貞扶風舉人正統五年知縣持身蒞政動有準繩修學校築城郭嘗捐俸買牛數百以給貧民祀名宦

管清餘姚人正統間縣丞修理學校有功至今人稱誦之

穆恭宿州舉人成化間知縣持身廉介愛民若子常巡行南畝集農夫與論耕桑樹畜有不足者捐俸買

牛以助之士民被澤至今稱頌祀名宦

劉欽 館陶人正德元年訓導持身清苦聚集多士朝夕督誘雖隆冬盛暑不倦歷六年士多有造間有圖像崇奉者祀名宦

吉顯東 長安舉人十六年知縣賦性剛直蒞政勤敏周貧乏助婚喪人至今稱之

陳鈞 祥符舉人嘉靖八年知縣實心仁慈蒞政公溥撫恤窮黎振厲士風

郗聰 栢鄉監生十五年知縣實心爲民歲旱禱雨即應

賈執中 威縣監生十五年訓導師範尊嚴雅善作人歷任五年陞五臺縣教諭諸生依依不忍別去

曹文輝 安定監生三十五年知縣賦性嚴明人不敢犯重學校緩催科士民德之

王琮 鈞州監生二十七年教諭歷任甚久清苦如故涵養深邃陶育多方晚節尤極恬退

方琮固原監生三十年教諭外和内剛公正朴實士之貧乏者却其束脩婚喪不舉者助之恩義兼盡士多慕焉

閻威商丘監生嘉靖間訓導實心廉恕日聚諸生講習卒于官諸生如喪私親

楊自然平度州歲貢隆慶四年知縣存心廉介敷政公平革條弊禁差役士民頌之

于建隆開化歲貢萬曆間知縣操履貞嚴踰年致仕束裝無具隰州守親臨祖餞忽報地陷得宋古錢一窖守曰此天爲廉吏賜也命市之以爲資斧一僕負傘徒步而歸見者莫不嗟歎

國朝鍾夢豹宛平人順治初典史六年賊至衆皆逃夢豹獨誓堅守城陷不屈而死邑人痛悼之贈夏縣主簿省祀忠烈祠

武士豪眞定縣進士十年知縣立社造士城垣廟宇無不修葺祀名宦

平陽府志　卷之二　一百二十三

歷代大臣文武諸司

周召公奭　周同姓相武王以布化循行舍於甘棠之下後人思之愛其樹不忍傷在今垣曲地及武王克商陜以東使公主之文獻通考云垣周召分陜之地東北有邵原古棠木後魏置垣爲邵郡邵縣皆取召公食采之意也

漢韓信　淮陰人漢二年爲左丞相與灌嬰曹參俱擊魏王問酈食其魏大將誰曰栢直王曰是口尚乳臭安能敵吾韓信騎將誰曰馮敬曰雖賢不能當灌嬰步卒將誰曰項它曰不能當曹參信亦問魏得無用周叔爲大將乎及聞用栢直也而曰豎子耳遂從夏陽以木罌渡軍襲安邑虜魏王豹定魏地爲河東郡

曹參　沛人從韓信擊魏王豹於平陽盡定魏地後封列侯食邑平陽萬六百三十戶

周勃　沛人從高帝以功封絳侯遷太尉文帝初爲右丞相後免相就國每以兵出入有告勃欲反者下廷

尉捕勃用薄太后言乃持節赦之復其爵邑

黃霸字次公陽夏人少學律令爲河東均輸長以廉察稱

鄧禹新野人佐光武迎擊更始將樊參於解南遂定河東承制拜李文爲守以鎭撫之爲中興功臣第一

西魏王思政太原祁人漢司空允後孝武之立預定策功封祁縣侯總宿衛兵鎭弘農除侍中東道行臺及取宜陽以玉壁險要請城玉壁鎭之大統八年東魏高歡擊魏入自汾絳連營四十里宇文泰使思政守玉壁以斷其道歡圍玉壁九日士卒多死不克而還後爲荆州刺史舉所部韋孝寬自代時稱知人

韋孝寬杜陵人西魏時爲晉州刺史移鎭玉壁兼攝南汾州事高歡以大衆來攻連營數十里盡攻擊之術孝寬咸拒破之歡智力俱困夜遁去西魏帝嘉孝寬功授驃騎大將軍進爵建忠郡公

東魏房謨字敬放洛陽人孝武入關後以侍中兼吏部尚書攝南汾州事先是境接西魏士人多受其害

及謨撫接慇懃人樂爲用增置城戍自是龍門以北西魏戍皆平

北齊斛律光　以并州刺史守平隴武平元年築華谷龍門二城於玉壁與宇文憲拓跋顯敬相持憲等不敢動二年築平隴衛壁統戎等鎮戍十有三所韋孝寬以步騎萬餘來逼平隴光拒戰於汾水之北大破之俘斬千計復出平陽道攻姚襄白亭城戍皆克之於百姓有捍衛功明萬曆間知縣劉三錫令民創廟祀之

周擡　爲晉州總管楊堅爲定州總管妻獨孤氏自京師詣堅路經晉州擡主禮甚薄旣而白獨孤曰公辭甚富於財限於法不敢輙費又王臣無得效私其質直如此堅以其奉法每嘉之及爲丞相徙封濟北郡公

隋姚暹　大業中爲都水監先是鹽池苦客水爲患暹濬永豐舊渠兼築堤堰自安邑楊家莊西至臨晉五姓湖以入於河客水不爲害今名爲姚暹渠

宋老生　未詳何處人代王侑遣老生帥兵三萬守霍邑以拒唐兵會秋雨不得渡踰月始濟唐兵由神

指徑至霍邑老生與戰馬蹶被擒㓰之祀名宦

唐劉弘基　高祖舉義兵弘基斬宋老生平霍邑又屯兵平陽由隰州趨河西擊劉武周大破之

竇琮　岐山人有武幹秦王收之與出入卧内引爲統軍從平西河破霍邑授金紫光祿大夫從劉文靜擊屈突通獲之進兵下陜縣拔太原倉武德初檢校晉州總管從平劉黑闥封譙國公

姜謩　上邽人從高祖平霍邑絳郡上言多見嘉納

李琛　宗室子歷蒲絳利三州總管武德中封襄武郡王後鎮隰州政尚寬簡中外愛服

崔義玄　太宗時拜隰州都督長史有美績

李嗣眞　趙州人永徽初以御史中丞巡撫河東薦宋温瑾表嘉祚李日知授州縣職皆至顯官及來俊臣用事上書諫不納出爲潞州刺史

李傑本名務先滏陽人神龍中以孝弟擢第為河東巡察黜陟使課最諸道詳慎有治譽歷官御史大夫

崔隱甫武城人明皇時為汾州長史兼河東道度支營田使累遷刑部尚書東都留守封清河郡公謚曰忠所至介潔自守明吏治在職咸以彊正稱之

王翃河中少尹領節度時悍將謀夜斬關逐翃翃覺之陰亂漏刻以差其期遂擒其將誅之一軍惕息

顏真卿開元間以監察御史使河隴時五原有冤獄久不決天且旱真卿辨獄而雨人呼御史雨復使河東劾奏朔方令鄭延祚母死三十年不葬有詔終身不齒聞者聳然轉河北招討使安祿山反河朔恃為金城時軍費困約乃收鹽轉輸以濟用度後轉蒲州刺史令求宗屬之流賊中者隨所歸資送之

郭子儀華州人以李光弼敗𡸣山河東亂殺李國貞太原戕鄧景山朝廷憂二軍與賊通以子儀為天下兵馬副元帥進封汾陽郡王屯絳州時帝已不豫羣臣莫有見者子儀請曰老臣受命將死於外不見陛下

目不瞑帝引至卧内謂曰河東事一以委卿子儀嗚咽流涕誓竭愚忠至屯誅首惡數十人河東遂定

李光弼柳城人天寶中代郭子儀爲河東節度使兼雲中太守營壘麾幟無所更一號令而氣色悉加整肅帥兵東出河上大將張用濟稍逗留召入斬之軍將股慄用兵謀定乃戰能以少覆衆後以中書令爲河中尹晉絳等州節度使

李晟臨洮人建中時以神策行營節度使兼河中晉絳慈隰節度使所過秋毫無犯子愿繼拜河中晉絳等節度使聽爲檢校兵部尚書充河東節度使憲爲絳州刺史愬爲晉州刺史俱以治行稱各有傳

渾瑊德宗時爲河中同華陜虢行營副元帥與馬燧合兵討平李懷光之亂

李自良泗水人貞元中充河東節度使居九年上下皆附卒贈尚書右僕射

李景略德宗時爲河東行人司馬李說忌之回紇使梅録入貢過太原說與之宴録爭坐次說不能遏

景畧叱之錄識其聲趨前拜之日非豐州李端公邪遂坐下坐中皆屬目焉

鄭儋　滎陽人德宗時詔授司馬節度河東軍兼御史大夫北京留守寬嚴公正得吏民心及卒所治軍民及旁郡邑皆爲流涕上聞之輟朝三日贈尚書右僕射

王鍔　河中節度使河東自范希朝討方鎮無功兵馬府庫殘耗鍔補完畜費以致財用豐餘

呂元膺　東平人元和中以御史中丞改河中節度使時方鎮多務姑息獨元膺秉正自持人嚴憚之累遷吏部侍郎正色立朝有台宰望卒贈吏部尚書

韋縱　貞元十一年知安邑縣鹽池事審斷燭其衷曲羣情帖服利可興者輒興之四民稱便祀名宦

司空輿　憲宗時爲巡按官戶部侍郎盧弘正判度支遣輿新立兩池鹽法其課倍入因還權榷鹽使輿以壕籬固鹽池之堤嚴盗鹽與鬻賺者之禁人無敢犯者

杜黄裳京兆萬年人元和中爲河中晉絳節度使達權變有王佐畧性雅淡憲宗時平章封邠國公

嚴綬華陰人爲河東節度使治尚寛惠遠播政聲凡歷三鎮所奏辟位將相者九人憲宗時左僕射封鄭國公

李固言字仲樞趙人擢進士爲河中節度河漲壞蒲津梁行人以爲苦固言至即除治

王起太原人穆宗時河中節度使時方蝗旱粟價騰湧起下令家得儲三十斛斥其餘以市民賴以生每歲畨使由於郡府逆旅郵傳苦之起至是待之以禮抑之以威無敢犯者

李聽晟子文宗時遷河東節度使上常曰付之以兵不疑置之散地不怨惟聽爲然

柳公綽華原人太和中河東節度使遭歲惡樽費用輟燕飲衣食與士卒均沙陀感恩義故悉力保障

石雄武宗時爲晉絳行營節度使討劉稹稹危蹙其將郭誼寄獻欵衆疑其詐雄曰誼爲稹謀主今來乃

自謀耳遂受誼降

崔彦昭　貝州武城人由河陽節度使徙河東撫循有法境内大治遷中書門下平章事每朝退視母膳與家人齒顔色和聲人多其孝子殷䛕潞州刺史

李襲吉　乾符中舉進士爲河東節度使爲人恬淡其書多傳於世

陸位　以職方郎中兼侍御史總解鹽池有政績聞於朝

馮與　以詹事司直知解州鹽池平直守制阜財有經

漢楊承信　沙陀部人爲護國軍節度使爲政廉而不苛卒於官蒲人乞表祠之

宋田紹斌　京兆人淳化間以忠果雄勇爲解州防禦使兼領榷鹽制置治民事神各得其道

宋摶　掖縣人眞宗時河東轉運使上言大通監冶鐵盈積可備諸州數十年鼓鑄願罷採以紓民時邊事

未息搏經制漕運以幹治稱

程師孟　吳人提點河東路刑獄肯嵐等州歲荒無備民多流徙師孟請出祠部牒募民納粟置倉廩儲之又開渠築堰溉良田一萬八千頃爲水利圖經頒之州縣後官至光祿大夫

陳堯佐　閬州人眞宗時爲河東轉運使以地寒民貧仰石炭以生奏除其稅及減官冶鐵課十萬以便民預防鹽池患築堤種柳民永以便

周沆　爲河東轉運使時多盜鑄錢吏以峻法繩之犯者日衆沆乃命高估錢價盜鑄者無利不禁自息

包拯　合肥人爲河東轉運使耿介自持令訟訴得徑自前陳曲直吏不敢欺時以拯笑比黄河清童稚婦女亦知其名呼曰包待制京師爲之語曰關節不到有閻羅包老嘗經度解鹽以通商販軍國賴之

杜衍　山陰人提點河東刑獄時高繼昇知石州人告與蕃族謀變逮捕繫獄久不決衍辨其誣抵告者罪

范祥便河東陝西轉運使制置鹽池事良法通商公私俱便

歐陽修盧陵人慶曆初以右正言爲河東制置使奏募民耕忻代岢嵐等處廢田歲得粟數百萬斛又以河東賦歛過重奏罷十數事有河東奉使奏章一卷見文集

彌大命河東宣撫使以請分兵爲腹背刼攻之圖故不是張師正敗績於河東大詠之

顧臨元祐初除河東運使有能名

張商英四川人河東提刑以文學政事馳名

崔嶧長安人進士及第累官河東轉運使會更鏹法潞州大擾推其首惡誅之人心遂定後歷知同州鳳翔河中以刑部侍郎致仕

徐徽言字彦猷西安人靖康中知晉寧軍兼嵐石路沿邊安撫使金兵再攻京師宋爲割河西三州隸

西夏晉寧軍民大恐嶶言遂率兵復取三州金舊所置
守長皆出降又併取嵐石等州金益戒備克明砦兵壁
津遣都統與晉對壘嶶言出奇兵襲逐當是時環河東
皆已陷獨晉寧屹然孤墉橫當強兵勢不相抗嶶言堅
壁持久撫摩瘡傷召民之逃伏山谷者幾萬衆浮筏西
渡與金兵鏖戰且命諸將畫隅分守自致死力以勁兵
往來爲遊援金進攻不得志圖之益急晉寧倅不并汲
金兵壅絕河水人人惴憂嶶言自度不支自間道遣其
兄昌言書曰嶶言孤國恩當死矣兄其勉力事君乃置
妻子室中積薪自焚伏劍欲自殺左右號救金兵挾嶶
言去金將婁宿就見嶶言曰二帝北去而其爲誰守此
我兵已南中原事未可知何自苦爲嶶言怒曰吾爲建
炎天子守今復何所言歸見天子將以死報太宗於地
下庸知其他婁宿舉戟向之覬其懼伏嶶言意象自若
略無懼意金兵知其不可屈遂射殺之事聞贈晉州觀
察使謚忠壯再贈昭化軍節度使嶶言子岡同死事而
從孫適亦以守安豐死世著忠義

朱弁　婺源人建炎間爲吉州團練使如金通問抗節致忠英勇絶世祀名宦

金郭子通　亳州人旦之子大定間擢陜西西路轉運司都勾判官時晋絳戸税轉輸平凉子通監視之官吏秋毫無犯二州民德之後爲絳陽節度副使父老咸日此昔平凉憫恤我曹者今來民何幸歟甫期年大治絳人畫像於天寧寺舍立石頌德終清河防禦使

蒲察鄭留　猛安進士順義軍節度使禁遊食之衆蓄兵器之精陳辭友弟爭自平加意撫安盜自息

胥鼎　繁峙人尚書右丞持國子歷知平陽府兼河東南路兵馬都總管建言利害十三事若積軍儲備黄河簡將練卒之類多見採用及宣宗將南遷留爲汾陽軍節度使累官至平章政事封華國公

裴滿亨　臨潢人河東南北路按察使建議多忠讜關國計有藁輙焚歷州郡皆以善政聞

完顔伯嘉　字輔之猛安人進士歷官簽樞密院事知河中府後以御史中丞權叅知政事元帥左監

軍行尚書省元帥府於河中控制河東南北路便宜從事時廷議欲棄河東徙其民以實陝西伯嘉上書諫曰中原之有河東如人之有肩背古人云不得河東不雄萬一失之恐未易取也復上疏曰河東晉安被山帶河保障關陝此必爭之地今雖殘破形勢猶存若使他人據之因鹽池之饒聚兵積糧則河津以南太行以西皆不足恃矣伯嘉純直不能與時低昻嘗曰生爲男子當益國澤民其它不可學也由是毀之者衆元光二年遷授集慶軍節度使權叅知政事行尚書省於河中

楊貞吉州人爲河東招撫使築牛心寨以禦元兵及圍急命其子克讓克敬偕任禮厚俱死之妻孟氏自經貞乃南望再拜焚香赴河而死後屍横水上門人張安石斂葬之祀名宦

孔祖湯籍未詳爲寶昌軍節度副使與移剌阿里合俱死霍州之難

完顏賽不狀貌魁偉沉厚有大畧屢立戰功興定中以樞密副使奉詔引兵救河東戰屢捷復晉安

平陽及河中三城封壽國公

從坦　宗室子安撫山西軍民上書言絳解二州民皆恃鹽布易米乞罷禁粟麥中條之南諸縣爲陝洛喉襟乞加兵分戍平陸産銀鐵若以鹽易米募工煉冶可以廣財用備戎器而盜自息後爲權元帥左監軍元兵至平陽城破遂自殺贈昌武軍節度使

郭用　爲平陽提控興定二年元兵攻平陽用戰于城北豪垣被執不屈而死

烏論古仲溫　猛安人舉進士累官河東鎮西節度使時中都被圍遂至太原移書安撫使賈益謙約以鄉兵救中都因馳驛入平陽將與益謙會於絳不能進抵平陽而還仲溫嘗治平陽吏民爭留之已而元兵至城破不屈死

元石天應　興中永德人爲陝西河東元帥下榮州胡瓶堡所至歸附木華黎以天應權行臺天應謂將佐

曰河中南控潼關北接汾晉西連同華實用武之地況地方五千餘里戶數十萬若起漕運以通餽餉則關內可刻期而定長河在吾目中矣遂移軍河中既而金人潛入中條圖復郡城天應知之遣吳澤伏兵要路戒之曰俟賊過半急擊之我攻其前爾擊其後可盡殲也澤恃勇醉卧林內金人從間道坎城而登火舉天應知敵已入左右勸其西渡天應曰事急棄去是不武也乃奮身角戰被執不屈而死

李伯溫　行平陽元帥府事金人攻平陽弟守忠被執伯溫登堞樓以刃植柱刺心而死金人執守忠至汴誘以高爵使降守忠大罵金人怒置鐵籠中炙之死

劉世英　范陽人元初以收靈朔河東功充行軍副總管鎮守絳州撫逋招兵除弊起廢民附日衆弟亨安襲絳州節度使亦以驍將稱經理有功亨安子貞歷知絳解二州民亦德之

鄭鼎　滎陽人讀書曉大義善騎射中統間累功遷萬戶侯導汾水溉洪洞田千餘頃建橫澗橋以便行旅

官至中書平章事封潞國公諡中肅洪民立祠下橋村
歲時致祀

吳從仕　至元二十年行中書省以解鹽置司在路村村
計乃辟從仕權理從仕究弊源立新政偕運副王中順
共議鹽法首以復遷司解州爲便行臺允其議至元癸
未遷司于解州既而歲課羨餘不啻倍蓰中順奏聞乃
課其績以從仕爲最遂收授承事郎充解鹽使

輿屯茂　大名人大德間任河東陝西都轉鹽運使司運
使有惠政既去民立祠祀之

時公權　以河南行中書省右丞統兵隰州課士撫民練
兵設備禦寇炳七寨之功保障貽二郡之福見
正祀考祀名宦

王利用　長安人延祐間由翰林出爲河東山西道按察
副使文學政事交重於府

護廉實　至正間司鹾有惠政鹽丁車戶就現在均派免
其包累時有造船恒山二役諭有司免本鎮人

不與賣零鹽止收官價交課鈔免民充役定鹽草之價益鹽觔之數俱稱便民

卜顏鐵睦兒　爲運使值國課告匱泒及州縣户口乃設法嚴緝私販課得充足鹽丁撈採不許衙役使擾修築渠堰不許豪滑倖免他如歸李氏之鬻子退張氏之爭婚俱稱善政

張德輝　交城人少力學爲河東宣撫使下車擊豪强黜贓吏均賦役耆耋不遠千里來觀曰六十年不復見此太平官府矣敬之若神明至元中參議中書省擢侍御史不拜德輝天資剛直博學有經濟才望之者知爲端人

王思誠　滋陽人徙汶陽至治初舉進士歷監察御史累疏時政皆見嘉納出守河東廉訪司事異績著聞召修遼金宋史累遷國子祭酒

高昌閭閭　陜西河東鹽運使有善政

兀顔帖木兒　陝西河東鹽運使有善政

察罕帖木兒　潁州泥丘人幼篤學常應進士舉慨然有當世之志至正十六年以平賊累官兵部尚書時知樞密院事都督節制河南軍調察罕與李思齊討陝西賊察罕鼓行而西提兵援靈寶賊渡河陷平陸掠安邑蹂晉南鄙察罕追襲之賊回扼夏陽津赴水死者甚衆十七年賊陷商州攻武關趍長安分道掠同華諸州三輔震恐察罕領大衆入潼關殺獲以萬計餘黨潰散關中悉定十八年朝廷徵四方兵入衛詔察罕以兵屯涿州察罕郎留兵戍清湫義谷屯潼關塞南山口以備他盜自將鋭卒赴召而曹濮賊方分道踰太行焚上黨掠晉冀陷雲中鴈門代郡烽火數千里復大掠將南還察罕先遣兵伏南山阻隘自勒重兵屯聞喜絳陽賊果走南山縱伏兵擊之賊皆棄輜重走山谷其得南還者無幾乃分兵屯澤州塞碗子城屯上黨塞吾兒谷屯并州塞井陘口以杜太行諸盜賊屢至守將數血戰擊却之河東悉定復定河南以兵分鎮關陝荊襄河

洛江淮而重兵屯太行營壘旌旗相望數千里修車船
繕甲兵務農積穀訓練士卒謀大舉以復山東二十一
年察罕輿疾自陝抵洛大會諸將水陸俱下進逼濟南
城而齊河禹城俱來降南道諸將亦報捷東至海濱郡
邑聞風皆送款下濟南詔拜中書平章政事知河南山
東行樞密院事六月田豐王士誠陰結賊復圖叛田豐
之降也察罕推誠待之數獨入其帳中及豐既謀變請
察罕觀營左右請以力士從不許輕騎十有一人行至
王信營又至豐營遂爲王士誠所刺訃聞朝廷震悼公
卿及京師四方之人不問男女老幼無不慟哭者追封
潁川王謚忠襄以子擴廓拜太尉中書平章事總父兵
擴廓既領兵柄銜哀討賊攻城益急十一月拔其城執
其渠魁陳猱頭二百餘人獻闕下而取田豐王士誠之
心以祭其父餘黨皆就誅山東悉平

擴廓帖木兒 察罕之甥自幼養以爲子當是時東至淄
沂西踰關陝皆晏然無事廓乃駐兵於汴
洛朝廷方倚之以爲安孛羅自察罕既沒復數以兵爭
晉冀帝雖屢解諭之而讐隙日深二十四年天子下詔

數孛羅罪削其官職而奪其兵孛羅不受詔遂遣兵逼
京師七月太子奔於太原孛羅入朝據相位二十五年
太子趣擴廓大舉以討逆亡何孛羅伏誅帝遂詔太子
還京而擴廓亦扈從入朝九月詔拜擴廓左丞相居兩
月卽請南還詔封擴廓河南王俾總天下兵擴廓於是
分省以自隨官屬之盛幾與朝廷等而用孫翥趙恒等
爲主謀初太子之奔太原也欲用唐肅宗靈武故事因
而自立擴廓不從及還京師皇后奇氏傳旨令擴廓以
重兵擁太子入城欲脅帝禪位擴廓知其意比至京師
三十里卽散遣其軍由是太子心銜之二十七年八月
帝乃下詔命太子親出總天下兵馬分命擴廓以其兵
自潼關以東肅清江淮擴廓抒拒不肯受於是貊高關
保等皆叛擴廓關保自察罕起兵以來卽爲將勇冠諸
軍功最高而高善論兵尤爲察罕所信任及見擴廓有
不臣之心故皆叛之列其罪狀聞於朝舉兵共攻之十
月詔落擴廓太傅與弟脫因同居河南府從行官屬悉
令還朝擴廓既受詔卽退軍屯澤州詔又命禿魯與李
思齊張良弼孔興率兵東向以正天討二十八年詔削

奪擴廓爵邑令諸軍共誅之二月擴廓退守於平陽而關保遂據澤潞二州以與貊高合七月貊高關保進攻平陽擴廓氣稍沮一日諜知貊高分軍掠祁縣即夜出師薄其營掩擊之大敗其衆貊高關保皆就擒既而擴廓上疏自陳其情惻帝尋悔悟下詔除其前非於是明兵已定山東河洛中原俱不守閏七月帝乃下詔復命擴廓仍前河南王孫翥趙恒並復舊職以兵從河北南討擴廓自平陽退守太原不復敢南向事已不可爲矣已而明兵逼京城帝北奔及明兵至太原擴廓棄城遁領其餘衆西奔於甘肅明祖常語羣臣曰誰爲好男子者衆以常開平對曰常遇春吾得而臣之若王保保吾不得而臣之也眞男子也保保卽擴廓也

明

常遇春懷遠人洪武初授副將軍同徐達北伐平河北諸郡攻大同平河東諸郡入秦盡平關隴戡定功績十居八九還兵次柳河川而卒追封開平忠武王

康茂材蘄州人榮祿大夫同知都督事兼太子右帥府使洪武初守禦蒲州等處造浮梁以濟黄河以

官鹽易粟官民兩便發倉賑饑全活甚衆旣去民爲立德政碑

黄常祖字邦經涵江進士永樂中授行在刑部主事轉員外郎工部尚書吳中董營建奏爲屬采木於山西湖廣時督促嚴急常祖爲上爲下悉心殫智事集有緒民得息肩以少師楊文敏薦陞山西右參議山西地瘠民貧值歲凶多流亡常祖奏乞招撫聽免徭役三年悉復業平陽界上有盜聚千餘爲害常祖推誠諭之不旬日皆降附正統十年致仕歸

祝顥字惟淸長洲進士正統間山西布政司參議專督糧儲時大冦之後倉府空竭饑民流散顥招亡拊存條法委曲不加賦而公私皆給進階右參政仍專督糧事如故顥以晉俗少文思振以儒術舉禮義興學校皐陶祠墓在洪洞其旁近地里傳舍舊皆以神名名之乃葺墓建祠題曰有虞士師祠而止其觸犯又作二賢祠於聞喜以祀裴晉公度趙忠公鼎新明道先生祠於澤州以伊川先生及郡左丞經配廣選俊秀以充生徒

條敎周密隨材成就正冠服飭威儀勤察試親爲敎授諸生呼爲祝夫子顥吏學精甚律令條例通練如指掌疑情滯獄立能剖決而明愼矜恤每多平反天順中汾州妖人作亂僭稱李天王年號天福顥一聞變飛檄戒守禦嚴備無輕動自戎服馳赴之旣至賊就擒纔十六人餘皆脅從而攀援逮千餘人三司皆不敢簡別顥曰千人同謀不待聚而遽發且吾等旣不能戢惡而又額傷善類邪不可衆曰然則祗應以盜聞耳顥曰盜何事以年號爲哉罔上規免尤不可也乃以十六人爲謀反已行上奏得旨一如所議至決嶂縣囚斷襄陵爭財處絳州武斷莫不稱善其他善政不可殫紀凡周廵道里往往駐車問民疾苦封内名山大川及古聖賢宅里祠墓輙登臨謁奠賞弔吟賦風流粲然

劉忠字藎誠濮州人景泰時授監察御史以直道左遷復起爲御史累官山西參政時凶荒民嘯聚垣曲山中千餘人剽掠鄉村民甚苦之乃單騎入賊壘推赤心撫諭其衆曉以禍福衆感泣棄兵器羅拜遂爲良民

垣曲以安後爲都御史廵撫延綏中外咸服

胡謐　會稽進士成化間以僉事進提學副使品藻人才高下不爽政暇手不釋卷山西從無志草創自謐質而不俚詳而有體轉本省叅政

何喬新　字廷秀廣昌進士成化間廵撫山西以稷山土瘠糧重民多逃竄奏減夏秋稅糧照依折納籽粒例以撫逃民制可明年陞北京刑部侍郎倒遂寢二十一年山西饑人相食即命喬新賑濟得便宜行事因請內帑准鹽銀及鬻祠部僧道牒得粟數十萬石分部賑郵又僦饑人疏溝渠出粟償直凡活人三十萬復申明稷山前例減加倍糧價銀數萬民至今賴之喬新性嚴毅學識精敏居官清廉愼勤始終如一仕至刑部尚書卒謚文肅

孟準　博野進士成化間河東鹽運使因池鹽旁行秦豫法難盡行且占種奏討者多不勝掣肘之慮請如

淮浙之例遣侍御監臨積弊一清

王臣吉水舉人成化間河東新設巡鹽御史首膺命以臨碑心經畫築垣塹以弭盜定額課以足邉法紀森嚴豪強屛跡及代商人匍匐入都願借一年蒙允後以拮据靡倦卒于官商民爲立忠愛祠與池神並祀

喬岱字希申章丘人弘治辛酉鄉試第五人官長史明年第進士授行人選御史以忤劉瑾謫教授歷陞山西僉事提督屯田帶管河東道岱長於刑名歷任歲深事無巨細莫不迎刃而解州縣吏民有事案下者或不解行囊而决斷歸以母老致仕

胡瓚餘姚進士弘治間運司同知才識敏練時場積餘鹽官民俱苦之瓚建議奏請改派稱兩便焉中場收放鹽課多則病民少則病商瓚一歸于平後致政去

胡止羅山進士正德間以監察御史巡鹽河東方肅鹺事適流賊擾亂所至屠掠將至運城運人以城陋

欲潰止曉以忠義治兵繕城爲死守計賊聞有備不敢近士民賴以安堵立祠祀之

張士隆安陽進士正德間巡鹽御史先是商販鬻鹽由河東達河内阻於中條攀嶺而走牟鵰士隆鑿山通道商得方軌又創書院以造士科第蔚起

華津字齊之無錫進士正德中山西右參政分守河東道搜剔利弊罷行惟允發私賄以正官邪禁戢豪强尤力居二年上疏乞休不許會車駕西幸境内一切供應之事夙夜調度者凡三閱月繼聞再幸之報同巡撫都御史至代殫力繕備又越二月疾作返卧司廨月餘遂卒時稱津簡而惠恭而介有君子之道

暢華字子實隴西進士嘉靖初爲山西按察司僉事以河東屢值凶荒勅華分巡河東弭盗安民時論偉焉有倡白蓮教者取其人以禍福禮義諭之其人感泣即散其後猗氏以此教株連者甚多人乃感華之德任三年致政歸

盧煥　光山進士嘉靖間巡鹽嚴重有方畧稱名御史西姚劇賊聚衆盜鹽爲蠹煥不動聲色而靖之興起人文三省皆蒙敎澤學校誦之不衰

余光　祁門進士文望慰西臺著作高古視鹾河東剔弊釐奸不畏强禦建正學書院加意作人雖童子亦擇師敎之

陳講　遂寧進士嘉靖間提學副使寬而有制品第士類人咸服其明建河汾書院萃士之良者課業有程多所造就歷官副都御史巡撫山西增築城堡邊境賴之贈兵部右侍郎

喻時　光州進士嘉靖間巡鹽時奸民誘宗室亂法者立置之法課士多成名

趙祖元　字宗仁東陽進士嘉靖間以刑部員外郎出爲山西僉事分守河東丙辰地震蒲州境覆壓過半盜乘之蝟起抄刧晝行祖元設方畧解散其黨而悉籍其金錢之無主者數十萬官貯之且用新其城塹境

以無事假遷江西叅議秩滿復遷山西副使丁母憂歸

袁士偉　肥城進士嘉靖間鹽運使操守光大兼有通才在司值歲凶道殣相望歎曰此非朝廷赤子乎乃悉召貧民給以工本令入池撈採課充數年而存活亦以萬計又增秩祀名宦

程紳　字伯書青州進士嘉靖間山西叅議分守河東道蒲州城西偪黄河河侵勢甚危紳急築之旬日告成蒲俗競奢靡婚葬非備不舉往往暴露廢室家紳為禁約月餘襄葬合子女者數千家舊叅藩不與戎務巡撫以紳嫻武畧檄守要害所守城堡二十餘處賊不敢犯民賴保全立生祠祀之

尚惟持　羅山進士嘉靖間巡鹽自奉節儉官方肅清商人以時掣支私販一切斷絶故一年而徵十年之逋修書院立社學建名宦鄉賢二祠周子衿之匱乏給老病之資藥瑞鹽盛生禱雨多應人謂盛德所感

周斯盛　寧州進士嘉靖間以南畿提學御史轉山西副使督學政魁岸自居貌恭氣和敦本尚質黜浮

崇雅視諸生若子弟廉而好修者禮重之病者醫治之婚喪不舉者周貸之品第晉士高下洞若燭照擇俊士講於河汾書院日省月試文教大興他如續修通志修繕學宮俎豆鄉賢表揚節孝美政甚多士人立祠祀之

李禎　新昌進士嘉靖間巡鹽時邊餉火急赤地千里禎體仁行恕正鹽籍遏私販督撈採辨功罪徧喻所司緩刑薄稅且於院前開道樹坊寓賑於役又有教育多士之功

周滋　諸城進士嘉靖間巡鹽時值地震之後凡廟祠公署悉爲修理池不生鹽巳十載餘滋爲瀦水以養其源濬流以潤其涸獲鹽十倍於昔清地築堰雖藩府之恣不恤

王諍　永嘉進士嘉靖間巡鹽抗直不阿有古大臣風以氷櫱名堂蓋自砥也值大旱禱雨祈鹽引躬切責甘雨大霈鹽花盛生時鄢懋卿爲嵩私人總巡天下鹽政盡括民財以媚上欲加賦河東諍抗議而沮士民至今德之鄢至安邑令治具肴席三十餘諍大怒立命撤去務從儉約宴罷即具餞以促其行鄢屏氣而去

宋勲 商丘進士隆慶間巡按任道黜盜尚德緩刑虛己延訪興利剔弊不倦終日察羣吏得失舉當名實釋究抑表節孝隱德名賢式閭咨詢不憚煩勞視諸生如子弟孰崇競進品第曲當八郡翕然向風終吏部尚書贈太子太保謚莊敏

郜永春 長垣進士隆慶間巡鹽清稞糧以杜奸欺收硝池以弭私販題南陽以復舊轄興書院以羅人才疏河渠以通水利開南場以便撈採俱功之不可泯者

張夢鯉 萊陽人萬曆間糧儲道督通省田糧派有額徵如期輩櫃頭爲官收之例晋民稱便後任右轄董理鑄錢其利大行纂修賦役册書悉出手裁永爲經制後任左轄各屬進解京邊銀不入司祇以文檄相轉給宗祿均鹽鈔省班價不餂一毫餘羨咸稱頌之

王基 號對滄青州衛進士萬曆初太同知府陞分守河東道興利剔弊保釐多方十一年復任河東道人

皆鼓舞歡呼迎者塞路下車問民疾苦如家人父子惠政周洽十六年廵撫大同累官戶部尚書

梅友松內江進士萬曆間分守河東道練達吏治洞徹人情除奸貪疏宄滯機畧雄沉兵民感服累官總督宣大軍務

趙燿掖縣進士萬曆間分守河東道清嚴狷介人不敢干以私累官遼東僉都御史

林國相閩縣進士萬曆間鹽運使蘇商惠民尤加意於作人創義倉置學田以周貧士刻厚生纂訓問字錄二書行世祀名宦

喬學詩東阿進士萬曆間分守河東道興廉懲貪愛民作士每以篤誠醇正率下人亦不敢欺壁廣東布政

畢自嚴號白陽淄川進士萬曆間分守河東道持躬方正每以興敎化端風俗爲己任時絳州辛全家

貧力學年二十七尚未婚娶日究心於聖賢之學不事舉子業亦無知者自嚴聞之造其廬叩所學大爲稱賞曰周程之流也言於督學使南居益南亦推服因開場絳州召全試以策送衣巾於家爲弟子員復檄州爲謀婚娶後全以理學名於時自嚴成之也至除暴安良境內大治歷任户部尚書

詹思虞常山進士萬曆間分守河東道新學校以造士改教場以練兵強幹有爲遠近瞻望其風采

汪以時婺源進士萬曆間巡鹽刻意節儉一以勑強字弱爲主餘鹽餘銀屢疏執奏爲民請命省公用銀糴穀三千八百餘石爲賑饑民鹽丁之用又建太陽廟以補正祀之未及

龍膺字綸隱湖廣武陵進士博學有才幹長於詩詞萬曆間分守河東道絕饋遺禁贖鍰除暴安良每所履州縣進父老諸生而誨以孝弟力田之義夜必潛至城頭察有讀書聲及紡績聲次日即給以燈油之費聞有酗酒肆惡欺街罵巷者大爲懲創宄惡屏跡良善鼓舞累官太常寺卿

陳儒　新建進士萬曆間分守河東道持已清嚴風紀振揚豪强斂跡境內肅然陞雲南參政

南居益　字思受渭南進士萬曆間提學副使律已嚴峻與人寬和校士必先行誼衡量不爽時稱水鏡陞鴈門兵備參政累遷工部尚書李自成以爲平章誘降不屈而死

王三才　蕭山進士萬曆間督學副使文名擅海內居心廉介以空缺銀兩置儒學常平倉以濟寒士又創建太原平陽考場歲省千金陞本省參政

張潑　樂陵進士天啓間巡鹽時有窮商五十餘家立谿其課杜超掣緩預報一切繁費悉行裁省懲積牙之蠹葬無主之屍報竣後尚留金糴穀幾四千石以備災荒最遺惠者朝議加課特疏痛陳商苦獲免去之日商民遮道泣送

劉大受　泰和進士天啓間巡鹽酌量預報裁省添搭鹽不貲之腳價柴價免鹽丁之鹽銀草銀刪灘地

之蘆價清護池之侵地取同苦池租銀作餉募兵又有修學甃城諸大政

文翔鳳 字太清三水進士天啓間提學僉事博識高才力興古學藻鑑毫髮不爽有清蓮品河汾教小子裁等刻以頒諸生士風爲之一變直指疏稱二百年來未有之學尋陞南光祿卿以劾魏璫同籍

李日宣 江南進士天啓間巡鹽內絕私營外無貴態修八政橋以利人行應有建白不避嫌怨商民寨之河東有育才館合秦豫晉三方人士敬業其中增置學舍又建弘運書院於運城迎邑紳曹于汴主之置學田以供朝夕人謂鄒魯重新

來復 字伯陽三原進士天啓初分巡河東道文武長才經濟偉畧時將多事預爲城守計所歷州縣必驗臨城池督責修理後十數年流賊入晉平陽諸城不爲賊陷害者皆復之力也歷陞布政使所至治行卓越復穎悟過人文詞琴奕書繪皆臻其妙即醫卜星占靡所不精至不拜魏璫祠人尤稱之

焦源溥 三原進士崇禎間分守河東道時流寇猖獗依稷山爲巢穴絳垣諸邑騷然溥精於韜畧練步卒五百人號黃虎將簡選僧兵百人善以少擊衆排營布陣變化如神遇賊於聞喜張祁手刃兩巨寇擊殺無筭後率兵搜山寇莫能支遁入河南晋地遂平累官宣大巡撫李自成入關誘以僞總督大罵不屈賊磔殺之

王與孚 新城進士崇禎間巡鹽寛嚴互用奸宄屏跡革勤民撈採以塞弊竇恤壓待商人以蘇孑遺會流賊近城孚素得民心且執法不貸協力堵防運城無恙

吳甡 興化進士崇禎間巡撫時平汾潞澤流賊競起甡提兵數千出奇殲之每行軍隨周易一冊時時篝註久之成帙歲大比同督學袁繼咸取閤省知名士於三立書院講藝課文出俸餘廩餼諸生及放榜中式者多出門下清愼廉静有古大臣風

呂遜 滩縣進士分巡河東道崇禎四年賊首王家印廹郡城叅將李淮出戰失利遜嚴兵拒守會巡撫宋

統殷督兵臨城下賊走翼城

尤世祿榆林人崇禎間陽和總兵五年十二月掃地王一斗穀混天王自絳縣至垣曲據劉張阜落二十餘村世祿提兵至斬賊三百餘級賊潰東走河東保全

楊繩武彌勒進士崇禎間巡鹽政持大體凡事游刃而解不假手于左右劾貪吏招逃商又特疏民間疾苦乞免包差之累賑饑民養貧士捐俸贖以葺文廟池神廟表忠祠極重武備修城練兵殆無虛日聞秦寇逼河躬率士卒沿河堵坊民賴以安去之日行李蕭然商民無不嘆泣

姜思睿慈谿進士崇禎間巡鹽時值歲歉首出三千金煑粥哺之國課告匱㩳商就斃疏復戶口乃得生全於四門外置漏澤園共五十餘畒暇則立社課士且置田以資之

葉廷桂號藩實商丘進士崇禎間分守河東叅政器量恢弘才識明敏威望鎮懾豪猾斂跡癸酉流賊

五千餘自平陸至垣曲掠王家嶺延桂檄守備閻鎮國
都司薛敏忠領兵擊之斬賊甚衆後值歲歉饑民擾亂
以嚴禁獲安

汪喬年字歲星遂安進士崇禎間分巡河東道布袍蔬
食自處儉約視民疾苦不啻身受精明練達人
不敢欺常行部有供設豐厚者曰值此民窮財盡之時
做官當爲國惜財爲民惜命無論其他只此一盆火可
當中人數日餐盡令撤去一時貪墨者皆爲斂戢未幾
陞陝西提學累官總督征李自成死於陣

曹文詔大同人生有異兆恢略有大度初從經略熊廷
弼閣部孫傳廷俱以戰功顯崇禎二年入援授
副總兵補延綏東路四年流賊數萬自陝西渡河蒲縣
一帶震驚文詔襲其後一戰於金定支村再戰於百家
原復戰於明山賊首王嘉印點燈子授首餘賊潰散至
今晉人思其功推臨洮總兵掃靖邊氛平可天飛殄鐵
角城六年七月賊數十萬自濟源至垣曲城外俱爲所
據殺掠慘毒文詔統兵至皐落鎮勦滅紫金梁老𤞑𤞑

邢紅狼諸賊垣曲圍始解十一月賊二郎神顯道神等焚掠郡西州縣文詔督兵征勦復隨總督陳奇瑜征秦豫令參將賀人龍駐東關虎大威駐郡城大威斬二郎神解汾西圍八年同孫守法擊高應祥張獻忠盩厔南山下大破之生擒高應祥獻俘京師張獻忠遁入蜀抵豫解睢州之圍回秦解商州之困以捍部窺宣雲調守大同捍部遂不敢東下文詔三平晉亂出奇制勝有古名將風後援秦以孤軍遇賊於眞寧和尚原力戰而沒天下惜之

虎大威籍未詳任參將六年總兵曹文詔委駐郡城力戰破賊解汾西之圍二郎神授首隰州水頭等處流賊土賊各據村寨大威偕參將賀人龍勦滅之八年流賊千餘自絳縣至垣曲破馬村堡大威追至峇塚村斬殺甚衆賊首混天王等及賊二百餘人勢窮乞降巡撫呉甡密檄大威至翼城設計悉斬之

呉阿衡裕州進士崇禎間分守河東道偉質長才威望素著盜賊遠遁地方安靖累遷薊遼總督䇄難

楊鶚武陵進士崇禎間廵鹽時連值歲歉糴米於太汾秦渭徧給窮民又築敵臺增新兵河南土寇崔惟一聞風潰散

盧友竹崇禎間運司同知清潔不染攝總司篆痛革陋規禁衙役覆隱匿又增兵濬濠爲城守計臨機應變調度有法

李一鰲號虹西南鄭進士崇禎間右布政司修東關城砌以磚建朝陽薰風二樓壯一郡大觀

趙民懷籍未詳任參將十二年流賊自西北至郡城擾亂土門田村等處民懷迎擊於金訖窩大敗之斬首無筭賊走陜西民賴以安

陳純德湖廣進士以召對授御史崇禎間廵按山西慈祥愷悌視民如傷無赫赫之名而奸墨屏跡疏請發帑十萬以賑濟民甲申廵按直隷聞賊至匹馬入京城陷自縊

朱之馮籍未詳巡道十五年春創建敵臺設常平倉以餉召募新兵委衛官李承金訓練平陽營奉調援豫至沁水兵譟而還之馮招安之斬叛首李胡等二十餘人人服其濟變才

李士焜籍未詳崇禎末巡道猷畧素著丰采凜然十六年冬闖賊陷西安分遣賊衆履氷渡河破吉州鄉寧等處士焜嚴守城池賊將白鳩鶴李友自滎河竊渡行闖賊僞牌至郡士焜碎之斬其使

國朝黃徽孚晉江進士順治元年巡按時晉初定民竄山谷風鶴戒警徽孚單騎開諭殘黎復業闖據晉徵賦強半疏請僞官已徵者盡豁之初罹闖亂晉民多負義者悉舉狀以聞至於表薦鄉紳以求錄用請立學臣以育人才嚴禁訐告以安窮民請復站銀以蘇驛困開國之始實嘉賴焉

申朝紀奉天人二年巡撫剛毅明敏下車劾貪吏數十人羣僚肅然晉驛舊額站銀十五萬崇禎間裁

充軍需驛費不足州縣濫用私派私幇浸至二十萬民甚病之朝紀廉得之疏請站銀仍歸正項私幇悉爲禁革驛馬官飼養不得累民勒石諸郡邑晋民全活甚衆至於清獄囚裁吏胥禁差役不得拘禁人犯革募夫不得僉報里民佐貳官受詞者飭無貸種種德政民感之建生祠歲時致祭

嚴正矩號潔庵孝感進士十年守道才器恢弘剛正有守時陝西賊許二王世魁據垣曲薔塚山正矩遣兵搜勦斬賊甚衆餘黨盡散

班璉號華宇奉天貢生十二年守道威望素著時巨寇張五盤據夏縣山中剽掠村墟百姓苦之璉會滿漢兵討平地方以寧陞莊浪副使

薛陳偉號彤許祥符進士十三年守道深沉有智境内寇黨刼掠陳偉不動聲色密授方畧而寇無能脱者民姉安堵陞薊州副使

范印心河內進士康熙四年守道時公署移駐郡城民甚感其德至今祀府縣名宦

張瑋字佩絃歷城武舉二十二年蒲州守禦所千總有惠政于民至今稱之

張鵬翮字運青遂寧進士二十四年以清廉素著廷臣會推河東運使到任釐引通鹽恤商利民濬渠厚堤不費公帑操守清正內陞京堂

劉顯謨號元公奉天監生三十一年守道時歲當大饑斗米八百文百姓流亡道路死者日數十人顯謨每出輒痛哭曰民生如此有司忍匿不聞耶力請撫軍設立粥厰全活者甚衆又徒步禱雨烈日中感疾百姓皇遽失措日禱城隍廟願以百身代顯謨病篤時尚呼家人問雨者再屬吏問疾則曰汝輩誤我百姓至此復何問也歿之日民皆哭失聲如喪私親樹碑關城外曰墮淚碑迄今蒲人猶有泣下者

國朝賢監司以顯謨稱首云

汪灝字文漪臨清進士四十二年由翰林院侍讀督學山西先是北直江南浙江三省用學院他省俱學道他省之用學院自此始到任整飭紀綱矢公矢慎一塵不染干牘盡絕衡文課士藻鑑不爽頌聲大作值大駕西巡屢蒙褒寵時陝西學道需人　特命兼攝以一身督兩大省學政自來未有也關中幅員萬里到處歌頌與山右無異四十四年冬校士平陽未畢卽陞河南巡撫

巡撫都察院噶條約

噶公諱禮滿洲人

爲申嚴禁令以裨吏治民生事照得三晉地方夙稱富

庶近以連年薄收在在困苦幸賴我

皇上厚澤深仁屢蠲屢賑始獲起色官斯土者若非洗滌

肺腸盡去舊習何以登斯民於衽席本都院自部郎以

歷内閣廿有餘年於此中民情利弊頗已周悉兹者欽

承

特簡出撫是邦凛遵

聖訓惟知茹蘖飲氷嚴釐弊藪懲蠹除貪與民休息以仰
副
皇上子惠元元之德意而已舍是之外別無瞻狥所有訪
聞應行禁飭事宜合行曉諭除飭行藩臬二司及驛糧
提學分守各道運使都司外爲此示仰撫屬府廳州縣
衛所官吏及協營弁目與士庶軍民人等知悉即便遵
照後開禁條逐一警惕萬毋視爲具文以身試法自取
噬臍之無及也愼之凛之

一化民成俗總不出欽奉
諭十六條一敦孝弟以重人倫一篤宗族以昭雍睦一

和鄉黨以息爭訟一重農桑以足衣食一尚節儉以惜
財用一隆學校以端士習一黜異端以崇正學一講法
律以儆愚頑一明禮讓以厚風俗一務本業以定民志
一訓子弟以禁非爲一息誣告以全良善一誡窩逃以
免株連一完錢糧以省催科一聯保甲以弭盜賊一解
讐忿以重身命斯皆我
皇上勵精圖治加惠元元備極教養之德意凡親民有司
已見之實力奉行者無不著有成效聞晉省屬員奉行
者固有而實力者罕聞嗣後如遇朔望宣講
上諭日期該文武官弁務須預集士庶兵民一體祗聽共
期凜遵市鎮鄉村俱責成耆老義民及齒德兼優之鄉
約按期宣講有能實力奉行著效成速者本都院定當
一弊薦否則以懈怠紀過決不寬恕
一州縣衛所徵收錢糧自應聽納戶自封投櫃不容私
置大戥重耗加收乃訪聞晉省經徵各官尚有因循陋
習每兩竟加至一錢五六分甚至二錢三錢不等者吸
民膏而干
國法莫此爲甚知府與直隸知州利其掛驗分肥寂不過

問尤爲可訝嗣後敢有仍蹈前轍重耗加收及收納糧米淋尖踢斛濫加耗羨縱容積書里蠹需索填单掛號包收攬納與夫濫差白役拘及婦女幼童種種虐害糧戶者或被里民公同陳告或經訪聞得實定即官叅役處不貸

一私派私徵久奉

嚴綸禁革晋省前以備辦軍需二三不肖有司不思

朝廷動有正項乃敢借名派累浮冒錢糧業經前院遵

旨懲創在案今計虧空纍纍俱應於經手各官名下追補誠恐猶有指藉未完名色串通里棍積書橫徵派補亦未可定嗣後敢有指藉虧空銀米派及里民一絲一粟或借稱餽送上司節壽苛歛虐民者許受害里民登時公同赴轅陳告以憑叅拿究問總之正供之外不許一毫雜派牧令受鼎宜各慎旃

一州縣與民親切民有冤抑理應即與平情剖斷方不愧爲民父母乃本都院披閱告訴詞狀多有開寫問官偏徇縱蠹及監衿把持等弊雖其中或有健訟刁民撫揑希准然官吏積竊因循苞苴是逐亦未可謂盡無其

人今後有司凡准理事件各宜持廉秉公平允聽斷取具確供明立文案以示至公敢有縱蠹濫差受睄偏狥將詞內不須對質之人違例拘擾株及婦女幼童沉延淹禁及明知係自盡人命率意詳報檢驗藉端生事并縱捕誣良爲盜濫用重枷大板酷施桚夾以致苦累無辜良民者一經體察得實輕則糺過重則條拿說事過錢人等一體按律同坐蠹役有犯立斃杖下萬不姑容各宜凜之

一保甲之設原以禁暴弭奸比來晋省盜案日繁總由州縣各官平日漫無稽察致使奸徒匪類到處得以潛踪窺伺孤商公然刼奪甚至殺命拋屍失主全斃塘兵鄉保竟不聞登時救捕任盜飽颺牧令冀諱失事巧稱讐殺案緝者往往不少可謂怠弛已極嗣後州縣印官務將從前編定保甲及境內寺觀嚴加申飭以杜窩盜窩逃如有面生可疑來歷不明無親友保認隻身之人一概不得容留潛住道路旅店亦止許暫停一宿即立促起行空窰冷廟無人居住之所俱令汛兵保甲不時巡察遇有刼盜竊發不論村庄道路通保俱要會同汛

兵齊出救捕若坐視不出事發即究詰保甲但不得借
申飭爲名重行造册泒及烟戶一繇一槩致干察究未
便

一弁兵食
朝廷俸餉在城則專司防範在汛則責任稽廵是其職分
况山右界處邊陲路當秦蜀
皇華絡繹商旅頻仍防護尤宜加意雖各路塘汛經兩總
鎮時加申飭已極綦嚴然其間竊刼斃命猶往往不少
殊罕聞有登時擒捕者若非弁兵懈弛即係鄉保玩不
協助除已往外嗣後該協路營將弁務宜一體時加嚴
飭塘汛目兵勤慎廵防遇有刼盗竊發不拘晝夜俱要
登時奮力救捕仍一面喊知鄉保齊出協援尾追務獲
倘敢坐視疎虞及該汛屢致失事不行登時擒獲者定
將該管官以溺職會疏參處汛兵嚴行責革决不寬貸
至於將弁尅冒餉乾私役士卒及干預民事縱容轄下
兵丁生事擾害者節經奉有嚴例炳在章程又無庸本
都院再爲告誡各宜凜慎

一三晋諸生素稱雅重頃凡與鄉試者本都院概得親

加察視其間潛修養勵勵志端方不事包攬錢糧不爲起滅詞訟不出入官府衙門卽無論有司長吏應予優容而本都院亦樂以文字神交更深嘉尚第恐稠衆之中或有一二罔恤行止自爲暴棄者又不得不一爲告誡以別薰蕕多士其各勉之嗣後該有司衙門仍照舊置立門簿一扇每日撥着門斗禮書如遇監衿謁見及投進封口書稟者俱於簿內登註月日事由聽候本都院不時調查倘有隱諱聽狥印官教職均爲未便

一晋地惡棍噬民爲害最烈總緣有司各官平日委靡瞻狥稽察懈怠致若輩得以明目張膽遇事風生或冒旗放債重利磊算子女或假稱逃人之主徑行拘捉逃人或聯結夥黨指逃報讐洩忿或在本籍犯罪潛去賣身旗下回籍借逃行詐更有一種遊手好閒之徒不務本業結黨成羣身帶鐵鐧鐵圈借端擾害稍不如意動輒捉人兇毆辱及婦女或開場局賭詐騙良民種種爲非大干

國法此等奸棍久巳孽滿罪盈法難少貸除現在密訪查拿外一經押解到轅本都院誓必嚴究詐害贓跡擬照

懲處光棍新例請
旨即行正法以除民害嗣後州縣營汛務須加意禁緝如
有前項惡棍實爲厓害地方者俱登時嚴拏解處鄉保
窩容并治以罪倘止係遊手好閒蹤跡閃爍爲害未有
實據應逅解回籍者即速逅解回籍應交着親屬保甲
看管者即速交着看管通取收領報查至失察賭博文
武例有處分尤宜遍加查禁均毋玩縱致干咎戾
一兇徒忿爭聚衆執持鎗刀兇器傷人或圍屋搶毀財
物及因事聚衆將本管官與公差勘事催取錢糧等項
毆打綁縛者律例内俱分别開載眞犯死罪及不分首
從俱發邊外充軍爲民等語煌煌　令甲煥如日星三
晋俗厚民淳素知法紀當茲　盛世昇平安生樂業似
不俟再加告誡第思昔年蒲州等處偶爲不肖牧令悖
旨私徵遂聚衆喧譁藐法拒捕若不蒙
皇恩浩蕩俯念事起印官概從寬典不知二三不法之徒
何以自解是皆忿起一時事後悔之得無危懼今本都
院上叨
簡命總以察吏安民爲事不問已往業經嚴禁重耗革絶

私派如官吏有陽奉陰違魚肉百姓即叅官吏若百姓雖係受害不先赴轅陳告輒輕聽惡棍指使聚衆辱官即將官民一體嚴叅設有二家因事忿爭聚衆執持兇器互鬬者事發皆按律懲處執法如山萬不移易官民各宜凜之毋負本都院披誠開諭至意

一禁止輕生訪聞山右有等無知男婦往往以爭鬬之嫌動輒服毒投繯俾親屬得以藉屍告訐爲拖累彼家之計更有祖父自逼死其子孫男夫自逼死其妻妾希冀賴人忍心尤甚獨不思自盡律無抵償即威逼人命亦必審犯人有可畏之威始以威逼擬斷折責四十板追埋葬銀一十兩給付屍親領埋若本無威逼而輕生自盡者槪不比擬是何苦以父母生育之身一旦輕生甘入枉死城爲祖宗貽玷爲親屬兒女痛耶今後各該有司務宜責成鄉保遇有此等愚夫愚婦彼此爭鬬或致輕生者俱即約會耆老以理勸解毋滋成釁有係自行逼死藉屍誣告者審實當以反坐論罪從來易俗必資教化萬勿以假命居奇借端吹索反長此刁風也遵之凜之

一訟非美事終訟爲凶非有極寃大屈忍之爲上乃晉地有等軍民聽信狀師惟以健訟爲得計或摭拾他人舊事連篇累牘違例粘单株及多人或事本細微粧架極大題目越次佈訴或原案已經結正復更詞翻告或揑指贓私並不開出年月日過付見証凡可任其誇張無不極其堆砌種種涉虛均干禁例本都院下車伊始念爾無知是以于此等虛詞概不准理亦不提究嗣後非係陳告貪官污吏及人命盜案土豪勢要衙蠹里蠹光棍等重情俱不得違例越控即有應控重情亦必遵用狀式註明代書姓名以憑察閱一切雎眦口角應消釋者宜即消釋應向族長耆老秉公處明者即向處明慎毋輕投一字到官致滋曠時失業誤人適以自誤即有事不容已亦應就近赴該管有司告理如有仍前涉虛將細事赴轅越控者除不准外仍提代書一併責治至于誣告反坐律例綦嚴一經批審屬虛必究勿謂本都院告誡不先也凜之勿忽

一騷擾驛遞節奉

嚴綸處分最重而違例擅騎尤干　功令查晉省沿邊驛

遞差使浩繁郎腹裏地方路當秦蜀章奏絡繹應付亦甚頻仍兼之僻協衝無一在非屬緊要理宜蘇息乃訪聞向來司道府廳州縣衛所衙門官役無論公私出入往往竟有借騎驛馬者名曰人情久遂爲例此驛既應彼驛不得不從殊爲可愕除已往外嗣後再有仍蹈前轍許該州縣驛官即時密稟報院以憑察究若徇情濫應致令馬匹疲瘦違悞差使一經察出干咎未便

康熙三十八年九月　日

爲再行申嚴禁令事照得懲貪莫若嚴去弊莫如盡三晉前以歲比不登閭閻困苦仰荷

皇恩屢蠲屢賑至今始獲起色是一家一戶莫非賴我

聖主愛養生全者也而嗣此尚有一弊未除一貧未處致令民生難遂在本都院固不敢安亦非諸司之所宜出

惟是告誡雖嚴賢否或異其間遵禁謹飭者固多而陽
奉陰違間淑間慝者訪聞猶有其人相應揭示再禁爲
此除檄發藩臬二司及糧驛提學分守各道運使都司
外示仰撫屬官吏及士庶軍民人等知悉嗣後各宜凜
遵先今條約事理有則改之無則加免共相安於無事
之日俾本都院藉以上遵
聖訓早登斯民於衽席則始終飲晋陽杯水亦大有榮焉
其或視爲泛常任誡罔改一經發覺有懲無宥勿謂告
之不再三也

一三晉大弊莫如重耗雜派本都院蒞任以來業經屢示革除其違禁而參革參處者大小共已十餘員懲貪之法可謂嚴而切矣乃近聞各屬州縣衛所官弁雜派雖頗已遵禁而火耗一弊每兩尚有一錢五六分以至二錢者似此違悖

功令罔恤民艱該管上司全無覺察徇庇已極除現在親身體訪得實必參外此後徵收錢糧稅課銀米豆草務必聽里民花戶自封投櫃不許重戥加收不許淋尖踢斛不許作踐抛撒更不許縱令家人胥役需索一分一文違者聽參失察上司並干咎戾其里民人等亦各宜急公輸納依限全完毋致推延抗遺取咎未便

一晉屬各處驛站俱有額支正項錢糧訪聞從前管站各官竟有藉此以擾民者如白派合應過往客兵車輛如短價採買喂馬豆草如倒馬分派里民買賠如指名伺候各衙門差遣員役乘騎着令每里預備馬匹官蠹折乾名曰里馬如欲避科派里民花戶草豆之名將驛馬分發里甲喂養並不給發錢糧名曰養馬種種積習均屬累民今計客兵車輛已據驛道議詳批允給發官

銀現僱及短價採買草豆與夥民買補倒馬俱經出示
及批行嚴禁在案細加體察而里馬養馬一弊雖非在
在有之然積習相沿保無猶有大膽官蠹仍蹈前轍者
除現在親身體訪得實必叅相應禁革違者取究

一各屬塘汛保甲之設原以衛商民而辨奸宄從來有
巡邏與稽察互嚴而竊刼尚敢肆行者乃申飭之令本
都院與兩總鎮不啻諄切再三而被竊之家與道傍被
殺猶往往有之謂非即捕防汛官弁平日奉行懈怠何
可得也除保甲現在立法清理外嗣後務宜一體嚴飭
塘汛目兵勤慎巡防遇有竊刼出没不拘晝夜俱要登
時奮力救捕仍一面協同捕役鄉保尾追務獲倘仍敢
坐視踈縱以致地方屢有失事官即以溺職嚴叅目兵
捕役即以玩法拿究决不輕貸至於沿邊一帶盜馬積
賊以及內地尚有一二奸宄之徒專一窺伺富室孤踪
暗行竊奪罪惡貫盈已非一日本都院遍加察訪俱已
備得姓名住址已拿者現在從重懲處其餘所以不即
立行拿處者猶冀其一旦改過自新即屬良民耳此番
曉諭之後再有不改本都院耳目雖遠採察甚週勢必

嚴拿杖斃決不少寬

一惡棍結黨聚會例禁甚嚴本都院下車之始即已揭示嚴禁乃訪聞各屬內有一二不法之徒仍敢結黨成羣斂錢聚會或扛幇詞訟挾制官府取利或動持兇器羣毆良儒致死甚至有一種劣衿優監及考職人員亦甘心流入匪隊者不少此等兇惡久已惡滿罪盈姓名住址本都院俱已體察得實除平進之薛士遴業經咨革并據紛紛告究不日按律定擬以示懲創外其餘從前結黨作惡之徒果能今後改過亦未爲晚倘再執迷罔悟本都院所愛惜者止惟潛修之士與守法之民況既告誡再三此番不省是終化不省矣一經提審得實定將結黨首犯按律懲處光棍之　新例請旨即行立法餘並照律重懲誓不寬恕欲自全身命者其各凜之

一賭博及以財物打馬弔鬬混江例開不分旗下兵馬官員有犯者俱枷號鞭責等語而開場與放頭抽頭之人尤嚴以加等遵行已久本都院幾經示檄申飭凡據有首告之案一皆嚴批重懲未嘗少寬原欲使不肖者

知改保其身家性命乃訪聞各屬地方賭風猶未盡息甚至有一二劣衿僊監及分汛弁目亦違禁聚賭者不知該管之官與各學教職其平日所謂禁戢覺察者安在也本應以溺職叅處一二以爲其餘戒姑再嚴禁從來嗜賭之徒必係不顧父母之養不顧妻子之畜一旦家資消乏衣食無依勢不至於流爲汚賊流爲盜竊而不止此等終不畏法之頑民則盡法懲處一二亦不足惜示後如或再敢藐違許該管官擇其屢犯不悛者解院親行懲處其餘各犯及失察之地方保甲人等仍在該衙門發落如或玩縱瞻狥察出大干未便

一男女婚姻乃天地之大義既聘卽一絲亦不爲薄既配卽終身自不容改禮義之間難容踰越乃見晋屬間有無知愚民往往愛富嫌貧將已聘已定之婚硬行另許富室富室亦受之不辭更有一二無恥之婦本夫出外未幾音信未稀衣食未缺卽擅行改嫁而娶者亦恬然安之事由主婚者十之三孽起奸媒者十之七是皆忍心悖理禽獸所爲殊甚髮指夫前此偶值歲歉或致夫逃别地不得食無以得生固無論已豈嫌貧悔婚夫

出便嫁亦
國法所宜容耶地方印官失教已極此後除原聘及本夫
果屬逃亡杳無音信並無父母翁姑親屬養贍者方許
照律告明官司准嫁外敢有仍前忍心悖理及禽獸所
爲者一經原聘及本夫告發地方官務必照律斷給前
夫完聚仍將主婚及知情混娶奸媒人犯嚴行究懲毋
曲法徧狥重干察究至於豪勢強奪姦占則又律嚴大
辟有犯必誅斷不容少涉寬假也愼旃毋違
康熙三十九年十月　　日
爲特飭廣建義學以敦治化之本事照得義學之設郎
古之社學
朝廷念民間俊秀子弟不能延師讀書　詔有司廣行教
育作興人才以風化其民甚盛典也乃今之郡邑城市

雖已設立多屬虛文鄉村遠在四隅依然絕響本都院
臨蒞之始卽圖修舉緣晉省災荒之餘志切痌瘝尙非
所亟茲蒙
皇上休養之恩曁
帝德感通之大年歲屢登流亡旣復況山右民多椎魯動
以睚眦殺命口角輕生或嗣續亂宗喪葬暴骨爭訟蔑
序婚姻瀆倫皆幼失訓詁致長悖禮法使民罹刑禍皆
牧民之責義學之設不但訓誨其子弟亦復化諭其父
兄不但勤勞于詩書章句之閒尤在致力於德行心術

之本
聖敎無一夫不聞則民風無一境不治豈虛文細故哉其
所行須州縣印官各酌邑之大小村之多寡或應設義
學六七處十數處卜其村隣遠近以期易于趨附每處
葺治學舍數楹必慎擇品行端方敎讀勤敏不論庠生
布衣克稱其職者定以敎讀之法凡童蒙到學令其識
字讀書先敎以跪拜揖讓洒掃應對又必先讀小學講
明義理俾知長幼之序孝弟之義忠信篤敬之言行在
家行之於父母昆弟出門施之于師長親友不得虛事

教讀致失大本至于營建學舍與延師廩餼無項爲難

然鄉村多寺廟殿屋可居即添置購葺費不甚大生儒

一歲不過十數金而已崇

聖弘文得才教育治功並懋端在賢守令弁實心行政與

縉紳衿士以得乎已者及乎人齊其家者厚其俗銳意

興行無不速成當于明倫堂從常酌議應設學若干處

所作何區置坐落某鄉即議請齒德兼優之紳士以董

厥成勿假胥役之手所延生儒第一緊要必學官與紳

士公同慎選嚴絕鑽營其生儒三年五年之後教育有

成能風化其鄉者作何獎薦均須知府速督酌議合行
飭舉爲此仰府官吏照牌事理即便轉行各州縣衛遵
奉將議定建學幾處坐落地方延師姓名一面徑報本
都院一面由該布政司彙議詳覆必於歲内完備以期
開歲元正舉行檄到州縣即先出示通諭此本都院相
望甚切不得延滯踵事虚文干咎如或州縣衛官借所
費泒及百姓一涉科歛以善舉滋弊本都院峻持憲典
決不相貸也
康熙四十年九月　　日